어느 대기업 임원의 퇴직 일기

어느
대기업
임원의

퇴직
일기

별보다 찬란한 인생 2막

정경아 지음

RHK
알에이치코리아

살면서 내게는 세 개의 큰 산이 있었다.

첫 번째는 초등학교 3학년 때였다. 지방으로 이사를 가 전학한 학교에서 나는 제대로 적응하지 못했다. 먼저 말을 건네는 친구도 없었고 친구들이 하는 말도 알아듣지 못해 대화에 낄 수도 없었다. 학교에만 가면 외톨이가 되었다. 혼자 지내는 학교가 너무 싫었다.

두 번째는 회사의 부장 초임 시절이었다. 막 과장 딱지를 떼고 규모가 큰 지점의 지점장으로 발령받은 상황이었다. 의욕에 넘쳐 열정적으로 일한 결과, 회사의 큰 칭찬이 있었지만 의도치 않게 사람들의 비난을 받았다. 사람들의 날 선 공격에 출근하기가 너무 두려웠다.

세 번째는 바로 퇴직이었다. 갑작스러운 퇴직은 나의 삶을 송두리째 바꿔 놓았다. 사람이면 사람, 환경이면 환경, 내 삶에서 퇴직의 영향이 미치지 않는 곳은 단 하나도 없었다. 과거에 만난 산들은 비할 바가 아니었다. 돌부리에 걸려 넘어질 뻔했다가 일어서면 바위가 보였고, 바위를 겨우 지나면 협곡이 보였고, 협곡을 지나면 사나운 맹수가 나타났다.

결론적으로 나는 지난날 내가 만난 산들을 모두 넘었다. 그 과정에서 지금의 내 모습이 만들어졌다. 고통을 참으며 극복할 수 있었던 배경에는 인생의 첫 산을 지나며 얻은 교훈이 있었다.

초등학교 3학년 때의 일이다. 나는 학교에 가기 싫어 부모님께 배가 아프다고 꾀병을 부렸다. 진짜 아픈 건지 아프고 싶었던 건지 학교에만 가려고 하면 배가 꼬이는 것 같았다. 부모님께서는 그런 나를 온종일 작은 골방에 있게 하셨다. 아프면 쉬어야 한다며 화장실을 제외하고는 한 발짝도 나오지 못하게 하셨다. 창문 너머로 학교에 다녀와 뛰어노는 오빠와 동생의 목소리가 들려도, 솜사탕 파는 아저씨가 지나가며 외쳐대는 스피커 소리가 들려도 방 밖으로 나갈 수 없었다. 온종일 갇혀 지내다 늦은 저녁, 부모님께 배도 나았고 학교도 잘 다니겠다는 다짐을 하고서야 비로소 나올 수 있었다.

열 살이었던 그때 깨달았다. 차라리 어려움과 부딪혀 이겨내는 편이 훨씬 쉽다는 것을. 피하려 하거나 이기지 못했을 때는 더 큰 역경이 기다리고 있다는 것을.

지점장 시절에 만난 인생 두 번째 산도 그렇게 넘었다. 사직서를 사무실 서랍 안에 써두었다가 끝내 찢었던 이유도 회사 내에서 견디며 이겨내는 쪽이 낫겠다는 결론에서였다. 대책 없는 퇴사 후에 겪게 될 암울한 현실보다 그편이 훨씬 수월할 것 같았다. 돌이켜보면 회사에서의 나의 전성기는 그때부터 시작되었다. 항변하느니 차라리 실력으로 압도하겠다는 생각으로 일에만 몰두한 집념이 결국 나를 빛나게 하는 계기가 되었다. 이외에도 살면서 크고 작은 산을 숱하게 만나왔다. 그때마다 공통점은 결국은 내가 그 산을 넘었고 그 경험을 통해 훨씬 단단해졌다는 사실이었다.

퇴직이라는 세 번째 산을 넘으면서는 아쉬운 마음이 들었다. 내가 회사를 떠난 후의 삶에 대해 잘 몰랐다는 점이었다. 문제를 만나도 알고 있는 수준에서 해결책을 찾으려니 마주하는 등성이가 실제보다 훨씬 가파르게 느껴졌다. 그럴 때마다 퇴직 후 삶에 대해 적극적으로 알려고 노력하지 않았음이 후회되었다. 간혹 먼저 퇴직하신 분들을 만나 여쭙긴 했지만, 어떻게 지내시냐 물으면 괜찮다고 하셔서 정말 괜찮으신 줄만 알았다. 오래간만에 만나는 후배에게 속속들이 속내를 말하기가 쉽지 않았으리라고는 생각지도 못했다.

   그래서 용기를 냈다. 퇴직 후의 삶에 대해 미리 알았다면 마음가짐이 조금은 달랐을 것 같았다. 연차가 오르며 퇴직이 점점 현실로 다가올수록 와 닿는 바가 더욱 클 것 같았다. 지나치게 솔직해 어쩌면 치부일 수도 있는 나의 퇴직 후 이야기가 나와 같은 과정을 밟는 인생 후배들과 여전히 고군분투하는 인생 동료들에게 도움이 되었으면 하는 바람을 담아 이 책을 썼다. 비단 퇴직뿐만 아니라 회사 안에 길이 없어 스스로 다른 길을 찾으려 할 때나 분위기상 어쩔 수 없이 떠밀려 내려와야 하는 상황에서, 혹은 감당하기 힘든 인생의 크고 작은 문제 앞에서 나의 글이 나침반이 될 수 있다면 좋겠다.

   분명 퇴직이 우리가 만나게 될 마지막 산은 아니다. 나 역시 앞으로 더 높은 산을 만나게 될 것이다. 갑작스럽게 우리 앞을 가로막는 인생의 산을 만날 때 어떻게 해야 할까? 이 책을 통하여 해답을 찾는 데 도움이 되기를 바란다.

차 례

PART

2
준비되지 못한 자에게
회사 밖 전장은 더 처절하다

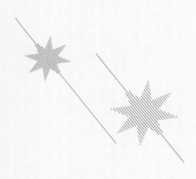

PART

3 준비는 끝났다.
'인생 2막' 오직 전진만이 있을 뿐

PART
4

준비하는 자를 위한
'경아로운 실전TIP'

준비되지 못한 자가
정상에 서면
남은 길은
내리막뿐이다

영원히 빛날 것만 같던 별,

임원

내 이름이 불렸다.

상상하지 못했던 일이다. 어떤 일을 하는지도 모르는 부서로 발령이 났다. 예상치도 못한 임원의 자리에 오른 지 꼭 1년 만이다.

1년 전 오늘, 점심식사를 하고 들어오는데 인사부 임원의 전화를 받았다.

"1시까지 25층으로 오세요."

25층은 대표실이 있는 곳이라 순간 당황했는데 그 순간 문자한 통이 왔다.

[상무님, 영전하심을 축하드립니다.]

그 문자에 보낸 나의 답장은 [말만이라도 고마워]였다. 덕담이라고 생각하며 가볍게 대답하고 오라는 곳으로 가보니 대표님께서 친히 축하한다는 말씀을 해주셨다. 생각해 본 적조차 없던 일이라 정말 놀랐다. 부족한 것을 알기에 그저 감사했고 더욱 충성스러운 신하가 되어야겠다고 다짐했다. 여기저기서 오는 축하 연락과 협력사의 미팅 제의, 수많은 교육과 회식으로 한 달을 보내느라 체력이 바닥날 지경이었다. 저녁때는 술로, 낮에는 새로운 업무 계획으로, 쉴 새 없이 나를 몰아붙였다. 내가 부여받은 막중한 직책에 보답하고 싶었다.

그렇게 1년이 지났다. 최선을 다했지만, 실적이 좀처럼 개선되지 않았다. 나도 팀원들도 점점 지쳐갔다. 내가 처음 임원이 되었을 때, 나에게 충고해 준 어느 선배 임원의 말이 생각났다.

"괜히 의욕 넘쳐 덤벼들어서 잡음 만들지 말고, 임원 1년 차는 그냥 조용히 흘려보내고 2년 차 초에 하나 터뜨려. 그럼 3, 4년은 갈 수 있어."

하지만 그렇게 하고 싶지는 않았다. 나를 믿어주고 기회를 준 회사를 위해서라도 그저 오래가기 만을 바라며 일할 수는 없었다. 오로지 일에만 매달렸다. 워낙 어려운 업무를 맡았기에 그 누구도 나보다 잘하지는 못할 것이라는 나름의 자신감이 있었고, 1년 차에 실행한 계획에 대한 결과물이 이제 막 나타나려던

참이었다.

그런데 내 이름이 호명되었다. 연말 조직개편 시기가 되어 정기 임원회의를 하던 중 사회자가 내년도 인사이동에 관한 발표를 하던 상황이었다. 근무하며 부정·부실과 같은 치명적 문제가 있지 않은 한, 같은 업무를 2년 이상 보장하는 것이 일반적이지만 결국 나에게 같은 자리, 같은 기회는 주어지지 않았다. 조직개편의 배경에는 실적이 저조한 임원을 모두 교체하라는 대표님의 뜻이 있었다고 했다. 듣는데 솔직히 내가 무엇을 그리 잘못했나 하는 생각이 들었다. 사력을 다해 일한 결과가 고작 이것인가 하는 원망도 생겼다.

어쩌면 꿈일 수도 있다는 생각에 멍하기까지 했다. 머리를 둔기로 맞은 기분이었고 귓속에서도 윙윙 소리가 나는 것 같았다. 옆자리에 앉은 임원이 내게 무슨 말을 걸어왔지만, 귀에 들어오지 않아 이해한 듯 고개만 끄덕거렸다.

몇 분이나 지났을까. 정신을 차려보니 누군가는 밝은 표정이고, 누군가는 어리둥절해하며, 누군가는 아예 그곳에서 보이지 않았다. 임원 인사의 명암이 극명하게 나뉘는 순간이었다.

이번 임원 인사를 통해 나는 중심에서 벗어난 자리로 이동했다. 순간 직감했다. '올해가 마지막이구나. 내년에는 나가라는 거구나.' 그런 생각이 든 순간 쥐구멍에라도 들어가고 싶었다. 모두가 나를 보며 비웃는 것 같았다. 인사부 임원이 회의가 끝난 후 내게 말했다.

"잘하세요."

그 말을 들으니 이번이 마지막일 거라는 내 예감에 더욱 확신이 들었다.

회의가 끝나고 바로 사무실에 올 용기가 없어 그동안 마음을 나누고 지냈던 임원 한 분과 점심을 먹었다. 자리로 돌아오니 이미 내 후임이 사무실에서 팀원들과 인사를 나누고 있었다. 그를 대하는 팀원들의 태도가 깍듯했다. 뒤이어 내 자리로 온 후임자는 "책상 거의 치우셨네요. 천천히 치우시지……"라고 말하고 자기 자리로 돌아갔다. 무엇이 그리 급했는지, 서운했지만 내색하지 않았다. 친한 친구에게 문자를 했다.

[XXX]

짐 정리를 마치고 새로 모시게 된 상사분께 인사를 드린 후 조금 이른 퇴근을 했다. 엄마가 보고 싶어졌다. 내가 힘들 때마다 내게 힘이 되어 주시는 우리 엄마……. 회사 주차장을 빠져나오고 나니 눈물이 흘렀다. 아니 엉엉 흐느껴 울었다.

이제 나에게 남은 시간은 1년이다.

추락하는 것에는
날개가 없다

시계를 보았다. 새벽 3시 30분. 집 근처 단골 마사지숍의 조명이 희미하게 보였다. 혼자 있으려니 가슴이 터질듯하여 늦은 밤 친구를 만나 술을 잔뜩 마시고 마사지숍으로 향했다. 시간이 가장 긴 코스를 부탁하고는 매트리스에 누웠다. 어떤 느낌도 들지 않았다. 회사로부터 버림받았다는 생각과 앞으로 어떻게 살아야 할까 하는 생각으로 머릿속이 복잡해졌다.

내 처지를 이해하고 위로해 줄 사람이 의외로 없었다. 친정엄마, 후배, 친구……. 그 세 사람을 돌아가면서 전화로, 문자로, 심지어는 만나서도 괴롭혔다. 그래도 마음이 가라앉지 않았다. 평생 경험해보지 못한 기분이었다. 배신감, 창피함, 두려움 등 온갖 부정적인 감정들이 뒤섞인, 말로 표현하지 못할 감정들이 쓰나미처럼 몰려왔다. 새벽에 마사지숍에서 집으로 돌아와 흐느끼며 울다 자다를 반복하다 시계를 보니 아침 10시였다.

집 안에 있는 버릴 만한 것은 모두 버렸다. 커다란 쇼핑백으로 열다섯 개 분량이었다. 잘 입지 않는 옷부터 촉감이 좋지 않은 이불, 결혼할 때 혼수로 해왔던 그릇, 1년 전 임원 교육 때 받은 강의 자료까지 버릴 수 있는 것들은 다 버렸다.

돌이켜 보면 나처럼 회사에 억척스러운 사람이 없었다. 이십여 년 전 경력사원으로 입사해 어떻게든 자리를 잡기 위해 야근을 도맡아 했고, 시장조사차 이웃 나라를 자비로 밥 먹듯 드나들며 신규 브랜드를 성공적으로 런칭했다. 아무도 자진해서 가지 않는 지점 근무를 지원해서 수시로 발생하는 고객 컴플레인을 직접 막았으며, 한 지점의 부실한 유리문이 떨어지며 나를 덮쳐 온몸에 유리 파편이 박혔어도 회사에 누가 될까 혼자 감당했다. 그뿐인가. 모두가 어렵다고 기피하는 적자지점을 결국 흑자로 전환시켰고, 그렇게 성과를 거둘 때마다 귀에 들리는 전략적이라는 비아냥은 또다시 업무로 승화했다. 비단 나만을 위한 열심은 아니었다. 노력한 만큼 인정해주는 회사에 대한 감사함도 컸다. 그래서 더 기를 쓰고 달렸다. 임원으로 발령나던 날, 처절할

만큼 열성이었던 지난날에 대한 보상을 받는 것 같아 감정이 북받쳐 오를 만큼, 회사는 내 인생의 전부였다.

임원이 된 후에는 더했다. 누가 나보다 더 잘할 수 있었을까? 임원이 된 그날부터 충성심에 없던 일도 만들어서 한 사람도 나였고, 어려운 상황에서 안간힘을 써서 경쟁사를 저만치 따돌린 사람도 나였고, 부족한 물량을 채우기 위해 전국을 돌아다니며 공장 사장님들께 읍소한 사람도 나였다. 그래도 나의 공은 한마디도 말하지 않았다. 회사가 잘되기만을 바랐으니까. 나를 믿어준 회사만 잘된다면 일이 더 힘들어도 괜찮고, 알아주지 않아도 괜찮다고 생각했으니까.

그런데 이제는 그만하라고 한다. 너 아니어도 된다고 한다. 더는 필요 없으니 저만치 뒤로 빠져 있으라 한다. 임원으로 지낸 지난 1년간의 과정은 보지 않고 또한 나에게 어떠한 소명의 기회도 주지 않고 성과 없음을 이유로 들어 단칼에 무능력한 사람으로 낙인찍어 벌을 준다고 생각하니 견딜 수가 없었다. 어떻게 그럴 수 있을까. 내가 어떻게 이 자리까지 왔는데. 내쳐지는 것은 한순간이었다.

하지만 회사를 탓하며 넋 놓고 있을 수만은 없었다. 그러기에는 내 처지가 녹록지 않았다. 이제 겨우 인생의 절반밖에 살지 않았는데 남은 인생을 일하지 않고서는 살 자신이 없었다. 경제적으로도 돈을 벌어야 했다. 아이가 아직 학생이었고, 몇 년 전 퇴직한 남편도 여전히 안정적이지 않았다.

앞서 나간 분들에 대해 들었던 이야기가 떠올랐다. 퇴직 통보를 받게 되면 현실을 인정하지 못하고 회사의 험담을 하고 다닌다는 내용이었다. 이해가 가지 않았다. 혼자 설 능력이 없어 회사에 끝까지 목을 매는 측은하고 나약한 사람들이라 생각했었다. 퇴직을 미리 감지하지도, 대책을 세우지도 못한 본인들 잘못이라 생각했었다. 그들을 보며 나는 그렇게 형편없이 살지 말아야겠다고 다짐했었다. 그런데 그들이 어떤 심정이었는지, 조금은 알 것 같았다.

집안 살림을 정리하며 회사가 나를 버릴 준비를 한다면, 나 또한 기꺼이 그 과정을 능동적이고 적극적으로 밟아가야겠다는 생각을 했다. 그동안 회사와 함께했던 기억을 모두 버려야겠다는 생각이 조금씩 들기 시작했다. 회사를 원망만 하고 살기에는 내 인생이 너무 소중하고 가여웠다. 회사를 나간 이후에 그전보다 더 성공하여 보란 듯이 살아야겠다는 생각도 서서히 들기 시작했다.

임원들만 아는

그들의 계급사회

새로운 부서 발령 후 첫 출근이었다. 여느 날과는 느낌이 달랐다. 누군가는 나를 피하는 것 같은 기분도 들었다. 새 사무실에 들어오니 먹다 남은 커피와 생수병이 있었다. 조금 전까지 누군가 있었던 듯한 모습이었다. 여느 때 같으면 불편한 마음이 들었을 텐데, 더 큰 근심이 있어서인지 대수롭지 않게 느껴졌다.

퇴직 전 마지막 관문. 공공연한 비밀이던 그 자리에서 일하게 되었다. 줄곧 회사의 중심 부서에서 근무한 것이 나의 자부심이었는데, 갑작스러운 이동은 그야말로 충격이었다. 무슨 일을 하는 부서인지에 대한 정보도 전혀 없는 상태에서 무엇보다 걱정인 것은 나의 앞날이었다. 어떻게 봐도 직장인으로서의 마지막 자리였기에 앞으로의 한 해가 더없이 특별하다는 생각이 들었다.

먼지가 뽀얀 노트북 바닥을 닦고 있는데 팀원 하나가 지난 발령내용을 출력해 가지고 들어 왔다. 당장은 보고 싶지 않았지만 시키지도 않은 일을 고민 끝에 했을 정성이 고마워 받자마자 읽어 내려갔다. 새로운 별들이 뜨고, 또 다른 별들이 지고 있는 것이 보였다. 확실히 나는 지는 별임을 깨닫고 있는데, 잊고 있던 스케줄이 생각났다.

신규 오픈하는 지점에서 임원들이 모이는 날이었다. 본격적인 고객 대상 오픈에 앞서 최종 점검을 하는 날로 준비를 위해 애쓴 직원들을 격려하는 의미가 있었다. 그런데 가야 하는지 판단이 서지 않았다. 이제 새로운 업무를 담당하게 되어 지점과 직접적인 연관이 없기 때문이었다. 새로 모실 부서장이 가시는 자리라 불참이 예의가 아니라는 생각은 들면서도, 막상 가면 주변인처럼 있다 올 것이 뻔한데 그 어색함을 감당할 자신이 없었다. 한참을 고민하니 머리가 지끈거렸다.

발걸음이 떨어지지 않았지만, 용기를 냈다. 도착하자마자 마주친 임원들이 나에게 왜 왔냐고 물었다. 새로운 자리로 발령받았으니 안 와도 될 일을 굳이 멀리까지 올 필요가 있냐고도 했다. 업무 파악하기에 바쁘지 않느냐는 사람도 있었다. 인사로 하는 말인 줄은 알지만, 상처가 됐다.

대표님을 따라 임원들이 지점 순회를 하는데 어찌해야 할지 난감했다. 지점에서 내가 담당하는 파트가 없는데, 다른 임원들과 함께 대표님의 뒤를 따라다닐 정도의 뻔뻔함이 내겐 없었다. 무엇보다 내가 며칠 전까지 담당했던 파트를 새로 임명된 임원이 브리핑하는 것을 볼 자신이 없었다. 오픈에 관해 전 과정을 기획하고 진두지휘했건만, 발령 이후 내게는 말 한마디 할 자격조차 주어지지 않았다. 모든 상황을 한순간에 바꿔버린 발령이 갖는 막대한 힘에 두려움마저 느껴졌다.

지금껏 지점을 순회할 때면 대표님 뒷자리는 늘 내 자리였다. 지점장일 때도 그랬고, 구매 담당 임원일 때도 그랬다. 내가 지점을 돌며 이런저런 설명을 드릴 때마다 흡족한 표정을 지으시는 대표님의 모습에서 일의 고단함을 잊곤 했었다. 불과 며칠 사이 달라진 나의 처지가 받아들여지지 않았다.

몇몇 임원들과 아무렇지 않은 척 이야기를 나누고 시계를 보니 겨우 십 분이 지나 있었다. 시간이 멈춘 것만 같았다. 더는 할 이야기도 없는데 앞으로 최소 두 시간은 더 있어야 하는 것이 걱정됐다. 영락없이 외톨이처럼 느껴졌다. 중요한 자리에서 밀려난 나를 모두가 외면하는 것 같은 생각도 들었다. 도저히 그 자리에 있을 수가 없었다. 내가 자리를 뜬다고 한들 아무도 주목

하지 않을 것 같았다.

　주차장으로 향하며 친구에게 문자를 보냈다. 그래도 참아보라는 답이 왔다. 어느새 눈물이 고여 있었다. 그리고 이내 고인 눈물이 참을 수 없을 만큼 터져 내렸다. 그곳에 있을수록 나 자신이 더 비참해질 것 같았다. 나의 존재감이 여실히 드러날 것 같아 두려웠다. 운전대를 잡고 집으로 향했다. 차라리 상사에게 자리를 비웠다고 질타를 받는 편이 낫겠다는 생각이 들었다.

　집에 가는 길에 오랜 동료에게 술을 청했다. 술이 아니면 감정을 이겨낼 수 없을 것 같았다. 친구는 매번 스포트라이트를 받을 수는 없다고 했다. 지금까지에 감사하고, 라이트가 잠시 다른 곳을 비추고 있는 동안 나를 더 갈고 닦으라고 했다. 라이트는 한 곳에 멈추어 있지 않고 가끔 무대 전체를 돌아가며 비출 테니, 그때 지나가던 라이트가 내게 멈출 수 있도록 준비하라고 했다. 친구의 위로가 고마웠다. 하지만 그뿐이었다.

　'1년 후에는 무엇을 해야 할까?'

　아무 생각이 들지 않았다. 직장을 떠난 삶은 한 번도 생각해 본 적이 없기에 막막하기만 했다. 무엇보다 내가 할 수 있는 일이 없었다. 알고 있는 직업을 모두 떠올려 보아도 회사원으로만

30년을 살아온 내가 할 줄 아는 일은 그 안에 없었다. 떠나야 하는 순간이 오면 미련 없이 떠나리라 다짐했건만, 호기를 부리기에 나는 아직 준비가 되어 있지 않았다. 현실의 벽이 다가오고 있는 것이 느껴졌다.

올라가면 언젠가는 반드시 내려와야 한다는 사실을 왜 나는 잊고 있었을까? 더러 어떤 내려옴은 올라가는 시간에 비해 턱없이 짧은 시간일 수도 있음을 알아야만 했다.

어차피 떠날 임원에게

일어나는 일

    봄이 온 것 같았다. 싸늘하던 아침 공기가 제법 따뜻해 출근할 때 입고 나온 재킷이 부담스럽게 느껴졌다. 곧 여름이 온다 해도 이상하지 않을 것 같았다.

    새로 맡은 업무도 꽤 익숙해져 팀원들의 보고에 추가로 질문을 하지 않아도 내용을 이해하게 되었고, 나름의 방향 제시도 할 수 있는 수준이 되었다. 일을 좋아하기도 하고 무엇보다 일할 때만큼은 다른 데 신경이 쓰이지 않아 업무에만 몰두하려고 노력했다. 회사의 신규 수익원을 찾는 업무의 특성상 잘 해내면 큰 칭찬을 받을 수 있을 것 같았다. 빨리 성과를 내서 무너진 이미지를 회복하고 임원의 시간을 더 연장하고 싶다는 생각이 들기도 했다.

그런데 좀처럼 속도가 나지 않았다. 주간회의에서 팀원들에게 일의 진행 상황을 물어보면 여전히 확인 중이라는 대답을 하는 경우가 잦았다. 이미 충분한 시간을 준 것 같은데 변화가 없는 것이 답답하게 느껴졌다. 지금까지 처리해 오던 업무 속도와 새로 맡은 부서의 속도가 확연히 달라 고민이 됐다. 직접 나서야 하나 잠시 고민했지만, 더 큰 것을 놓칠 수도 있겠다 싶어 우선은 두고 볼 작정이었다.

"지금 하고 있는 일 말이야······."

화장실에 가려고 복도를 지나는데 탕비실 안쪽에서 한 팀원의 소리가 들렸다. 퇴근이 얼마 남지 않은 시간에도 쉬지 않고 일 이야기를 하는 팀원들이 대견하게 느껴졌다. 칭찬이라도 해야겠다는 생각이 들었다. 팀원들과 서로 알아가는 단계라 상황이 되면 최대한 친근함을 표현하려고 노력하고 있었다. 그런데 뒤이어 들리는 팀원의 목소리가 나의 발걸음을 멈추게 했다.

"상무님······."

내 이야기를 하는 것 같았다. 무슨 말을 하려는 건지 궁금했지만 이제는 모르는 척해야 할 것 같았다. 다가가던 것을 멈추고 뒤돌아서는데 상상하지 못했던 이야기가 들렸다.

"상무님, 어차피 1년 있다가 가실 거야. 그러니까 대충 해."

　순간 귀를 의심했다. 오가는 사람들이 많은 곳에서 나눌 대화는 분명 아니었다. 상사의 이야기도 동료 간에 얼마든지 할 수는 있지만, 때와 장소를 가리지 않는 거침없는 태도가 놀라웠다. 몸이 그 자리에서 굳는 것 같았다. 혹시 마주칠까 도망치듯 화장실로 몸을 피하면서도 얼굴이 화끈거렸다.

　어쩌면 나는 이 회사에서 이미 없는 사람일지 모른다는 생각이 들었다. 아직 1년의 시간이 남았다는 내 생각은, 말 그대로 나 혼자만의 생각일 수도 있었다. 이는 팀원들의 대화뿐 아니라 사내 메일의 양을 통해서도 짐작할 수 있었다. 부서를 옮긴 직후 일주일간 사내 통신망을 통해서 내가 받은 메일은 전 사원을 대상으로 하는 형식적 알람 메일 한 통이 고작이었다. 지난날 넘쳐나는 메일 양이 나에 대한 회사의 기대를 짐작하게 했다면 이제는 텅 빈 메일함이 곧 떠날 나의 미래를 암시하고 있었다. 새 부서로 발령받은 당시에도 분위기는 다르지 않았다. 엄연한 임원의 자리 이동이었지만 내게 연락을 준 사람은 고작 여섯 명뿐이었다. 아직 완전히 퇴직한 것도 아니고 임원의 중심 자리에서 밀려났을 뿐인데 주변의 반응이 이러하다면, 정작 회사를 떠나게 되었을 때는 어떨지 생각만 해도 가슴이 내려앉았다.

언젠가 들었던 이미 퇴직한 지인의 말이 생각났다. 회사를 그만두었더니 예전에 친했던 사람들과의 연락이 대부분 끊겼다며 서운하다고 했다. 또 어느 책에선가 본 대기업 인사 책임자의 글도 떠올랐다. 작은 회사로 이직하고 나니 연락을 주고받으며 지내는 사람이 큰 폭으로 줄었다며 역시 서운하다던 내용이었다.

그런 이야기를 접할 때마다 회사로 맺어지는 인간관계는 부질없다는 생각이 들었다. 혹시 회사에서 누군가가 나를 필요로 한다면 그것은 내 본모습이 아닌 나의 직급이나 직책을 원하는 것에 불과하다고 생각했다. 그러기에 언제든 회사를 떠날 때 회사와 연결된 모든 관계를 내려놓아야겠다고 다짐했다. 나와 함께 했던 후배들만큼은 내게 끝까지 도리를 다할 것이라는 근거 없는 자신감도 버려야 하며, 회사 일이 궁금하다고 넌지시 물어보는 일도, 내가 새로 시작하는 일에 대한 부탁도 하지 말아야겠다고 마음먹었다.

"저 여기 4년 있었는데, 상무님까지 상무님만 네 번이 바뀌셨어요. 일 년에 한 번씩."

엊그제 점심을 먹으며 후배가 한 말이 예사롭지 않게 느껴졌다. 지금의 내 자리가 암묵적인 임원의 퇴직 전 마지막 관문임이 다시 한번 느껴졌다. 어떻게든 성과를 내서 분위기를 바꾸려고 했던 나의 욕심이 어리석게 느껴졌다. 힘을 내야겠다고 생각했는데, 나만 힘을 낸다고 해결될 일이 아닌 것 같아 기운이 빠졌다. 이제 더는 출구가 없다는 생각에 암울해졌다.

'1년 있다가 가실 임원.' 그것이 나에 대한 회사의 마지막 평가였다.

대기업에서
임원 되는 법

Q. 어차피 퇴직한다 해도 임원은 꼭 한번 해보고 싶습니다. 저는 일에 대한 욕심도 많고, 사업에 대해 넓은 뷰도 가지고 있어 이를 활용할 수 있는 임원이 되는 것이 꿈입니다. 하지만 다니고 있는 회사는 여성 임원이 전무하다시피 합니다. 지금 10년 차 시니어 입니다만, 이직하는 것이 맞을까요?

이직이 정답은 아닙니다. 지금 있는 곳에서 승기를 잡지 못하면 어디 가도 마찬가지입니다. 사람들은 어려움에 부딪히면 새로운 곳에서 해결책을 찾으려고 합니다. 그곳에서 만날 난관의 실상을 잘 모르기 때문이지요. 겉으로는 좋아 보여도 사실은 그렇지 않은 경우가 허다합니다. 현재 상황이 낙관적이지 않다고 해서 이직을 일종의 피난처로 생각하는 것은 아닌지 돌아볼 필요가 있습니다. 또한 회사에 여성 임원이 없는 이유가 회사만의 문제라고 생각하는 것은 아닌지도 살펴보아야 합니다. 한쪽만의 문제라고 생각한다면 정작 중요한 해법을 놓치게 됩니다.

유념해야 할 점은 이직하는 순간 나의 경력에서 최소 1년, 많게는 3년 정도가 줄어들 수 있다는 사실입니다. 협업하여 성과를 내는 조직의 특성상 새로운 회사에 입사하자마자 지금 회사에서 보여주는 역량을 충분히 발휘하기 어렵습니다. 새로운 시스템과 조직문화, 인간관계 등 모든 것을 처음부터 새롭게 시작해야 하기 때문입니다. 그 과정에서 실제로 실력이 퇴보하기도 하고 인정받는 커리어가 깎이기도 합니다. 임원을 목표로 하는 10년 차라면 얼마든지 극복할 수 있는 문제겠지만, 경쟁자 또한 그 시간에 가만히 손 놓고 있지는 않는다는 사실을 염두에 두셔야 합니다.

이직자를 바라보는 시각도 넘어야 하는 과제입니다. 새로운 인력을 바라보는 잣대가 기존 구성원보다는 당연히 높을 수밖에 없는데요, 정글 같은 직장에서 이직자에게만 높게 적용되는 평판 기준은 복병으로 작용할 수 있습니다. 직급이 올라갈수록 다면평가는 매우 중요한 요소이기에 결정적인 곳에서 내 능력이 평가절하되어 고배를 마시는 경험을 할 수도 있습니다. 이직한 회사에서 인정받기까지 쏟아부어야 할 열정이라면 차라리 지금 회사에 쏟는 것이 낫다고 할 만큼 성공적인 이직은 쉽지 않습니다.

경아로운 경험

저도 첫 직장에서 10년 근무 후 경력사원으로 이직한 경험이 있습니다. 이전 직장에서는 최고 수준의 연봉을 받는 디자인 실장이었다가 계약직 사원으로 일을 시작하게 되었습니다. 업무 자신감과 열정이 있었기에 새 직장에서도 승승장구하리라 생각했습니다만, 현실은 그렇지 않았습니다. 특히 사람들과의 관계가 어려웠습니다. 불필요한 감정 소모가 빈번했고 관계가 바탕이 되지 않다 보니 노력한 만큼 성과도 나지 않았습니다. 극심한 스트레스에 실제 입사 1년 만에 사직서를 내기도 했는데요, 그때 스스로 마음을 돌릴 수 있었던 것은 이직 악순환에 대한 두려움이었습니다. 상황이 어렵다고 해서

매번 피하듯 이직을 고민한다면 평생 정착하지 못하는
직장 유목민이 될 수 있겠다는 생각이 들었습니다. 세상
은 생각처럼 만만하지 않습니다.

성공적인 이직 후 원하는 임원의 자리에 오르고 싶다면
지금 직장에서 해야 할 일이 있습니다. 먼저 내가 생각
하는 나의 가치만큼 회사도 나를 인정하는지 확인해야
합니다. 일 잘하고 욕심 있고 평판 좋고 야망 있는 사람
은 많습니다. 중요한 것은 '회사도 나를 그렇게 생각하
느냐'입니다.

임원은 회사가 선택합니다. 나를 보는 자신의 평가와 회
사의 평가가 다르다면 그 차이를 줄이기 위해 노력해야
합니다. 가까운 예가 고과평가입니다. 임원의 대부분은
근무 기간 내내 상위 고과자인 경우가 많습니다. 평가의
공정성 문제는 차치하고라도 내가 받은 고과점수가 우
수하지 않다면 이직에 대해 다시 한번 고민할 필요가
있습니다.

그럼 어떻게 하면 인정을 받을 수 있을까요? 목표를 바
꿀 필요가 있습니다. 임원이 되려 하지 말고 업무 성과

를 내는 것에 집중하세요. 그것도 동료와 비교하여 어느 정도 잘하는 수준이 아닌 비교 불가한 수준의 성과를 이루는 것으로요. 목표를 임원의 자리에 두면 임원까지 가는 길이 멀고 험하게 느껴져 정작 중요한 눈앞의 일에 집중하지 못하거나 쉽게 지치고 포기할 수 있습니다. 임원의 자리는 직장생활을 하는 과정에서 내가 만든 수많은 결과물이 쌓여서 오를 수 있는 곳입니다. 목적지까지 짧게 끊어간다 생각하시고 단기 목표를 세워 그 길을 오르는 동안 성과를 만들기 위해 노력하세요. 이루는 것이 많아질수록 나를 바라보는 회사의 시각이 달라지고 몸값이 올라갈 것이며 러브콜도 쏟아질 것입니다.

구체적인 방법은 주도적이고 창의적인 자세를 갖는 것입니다. 해야 하는 일 외에 하지 않아도 되는 일도 하겠다 다짐하세요. 상사가 지시하는 일뿐 아니라 지시하지 않은 일도 만들어서 하겠다고 결심해 보세요. 아웃풋이 달라질 수밖에 없습니다. 듣기만 해도 머리가 아파지나요? 그 정도로 회사에 애정이 있지는 않다고 생각하나요?

이러한 업무 태도는 회사만을 위한 것이 아닙니다. 관점을 바꾸어 내 자리를 만들어 가는 과정이라고 생각한다면, 그렇게 하지 않을 이유가 없습니다. 이왕이면 남들이 하지 않는 창의적인 결과물이면 좋습니다. 웬만한 아이디어는 이미 회사가 진행했거나 알고 있을 확률이 높습니다. 열린 마음으로 트렌드와 선진 사례를 공부하고 내 영역에 접목한다면 고지는 멀지 않을 것입니다.

결론적으로 이직은 꿈과 환상의 나라로 가는 길이 아닙니다. 마음만 앞선 이직은 후회로 남을 수 있습니다. 지금 몸담고 있는 회사에서 내 실력을 먼저 증명하세요. 임원을 목표로 하는 성공적 이직의 출발은 이직할 자격을 갖추는 데서 시작합니다.

점심을 먹고 노곤함이 느껴져 잠시 쉬려는데 사내 메신저가 깜빡거렸다.

"상무님, 자리에 계세요?"

다른 부서의 임원이었다. 대답하려는데 또다시 메시지가 왔다.

"편하실 때 연락 부탁드려요."

그렇게 갑작스러운 저녁 식사 모임을 가졌다. 누가 참석하는지 다 듣지도 않고 약속 장소에 나가보니 평소 아는 임원들이 하나둘 도착했다. 보아하니 이번 조직개편에서 본인이 원하지 않는 자리로 이동했다는 공통점이 있는 사람들이었다. 인사이동 발표가 있었던 임원회의 당시의 표정만 봐도 짐작할 수 있었다.

마칠 때 조만간 식사나 하자고 했는데 몇 달이 지나서야 자리가 만들어진 것이었다.

"어떻게 지내세요? 괜찮으세요?"

모임을 주관한 임원이 먼저 와서 도착하는 사람들에게 인사처럼 물었다. 잘 지내느냐가 아닌 괜찮냐고 묻는 이유가 적어도 본인은 괜찮지 않은 것처럼 느껴졌다. 당장이라도 그동안 어떻게 지냈는지에 대해 한꺼번에 말하고 싶어 하는 것 같았다.

"저는 아직도 적응을 못 했어요. 사무실 위치며, 실내 온도며, 다 낯설어요."

시간이 꽤 흘렀음에도 여전히 적응 중이라는 말이 놀랍게 들리지 않았다. 직장생활을 하며 가장 힘든 나날을 보내고 있다는 이야기에도 공감이 갔다. 평상시에도 회사의 크고 작은 시그널에 민감하게 반응하며 스트레스를 많이 받는 성격이었는데 하물며 이번 일은 적잖은 충격이었을 것 같았다. 가까운 사람들에게 힘들다고 하소연했다는 것을 우연히 전해 들은 적이 있었다. 임원이라면 회사의 어떠한 지시에도 당연히 따라야 함을 알지만, 생각처럼 마음을 다잡기가 쉽지 않은 것 같았다.

또 다른 임원은 얼마 전 다녀온 출장 이야기를 했다. 지역 유명 인사를 초청해 진행하는 행사였는데, 윗분이 본인과 상의 없이 본인 밑의 팀장을 대동하기로 한 것을 근태 결재 중에 알았다고 했다. 당연히 담당 임원이 가는 자리라고 생각해 다녀오기는 했지만 마지못해 그러라고 하는 윗분이나 직속 상사인 본인에게는 한마디도 하지 않은 팀장의 태도를 속상해했다. 출장에 가서도 자신이 외부인처럼 느껴져 괜히 이것저것 챙기며 안간힘을 썼지만 결국은 서서히 밀려나고 있는 것이 아니겠느냐며 쓴웃음을 지었다.

다른 분은 얼마 전 만난 상사의 이야기를 꺼냈다. 그야말로 천하를 호령하던, 같이 근무할 때는 감히 가까이 가지도 못했던 분에 관한 이야기였다.

"얼마 전에 뵈었는데 너무 작아지셨더라고요."

그러면서 술을 따라드리려고 하니 잘 들리지도 않는 작은 목소리로 조금만 달라고 하셔서 깜짝 놀랐다고 했다. 말씀도 별로 안 하시고 드시는 식사량도 줄어서 만난 지 한 시간도 지나지 않아 멀뚱멀뚱 쳐다보는 분위기가 됐다고 했다. 나름의 고민이 있어 겸사겸사 뵈었던 것인데 하려던 말은 꺼내지도 못하고 헤어졌다며 예전 같지 않은 모습이 남 일 같지만은 않다고 했다. 이야기만으로도 당시의 상황이 그려졌다. 모두 같은 마음이었는지 잠시 정적이 흘렀다.

분위기가 어색해지려 하자 모임을 주도했던 분이 나의 근황을 물었다. 어디서부터 이야기할까 잠시 고민하다가 생각보다는 괜찮다고 짧게 대답했다. 지난 일을 꺼내어 말하다 보면 겨우 회복 중인 감정이 무너질까 봐 염려되어서였다.

"다행이네요."

내게 질문한 분이 겸연쩍어하며 말했다.

모임을 마치고 집으로 돌아오는데 많은 생각이 들었다. 모두 직장인으로서 마지막 시점이라 고민이 많은 것 같았다. 표현 방식과 극복하는 방법은 달랐지만 모두 가야 하는 바를 정하지 못하고 괴로워하는 것이 분명해 보였다. 힘들어하는 이유가 달라진 자리 때문만은 아닌 것 같았다. 직장인으로서 지내는 시간에 대한 미련 때문만도 아닐 것이다. 내가 그리고 모두가 힘들어하는 진짜 이유는 가보지 않은 앞날에 대한 두려움 때문이었다. 새로 맡은 자리가 곧 있을 퇴직을 암시하고 있음을 알기에 예측조차 되지 않는 미래에 대한 두려움에 짓눌려 있는 것이었다.

회사에 다니는 동안 퇴직 후 삶에 대해 고민한 적이 별로 없었다. 먼저 퇴직하는 선배들을 보면서도 나의 일이라고는 생각하지 못했다. 머지않았다는 친한 선배의 충고에는 오히려 시간이 없는데 무얼 더 하느냐고 반문했다. 그런데 나에게도 시간이 불과 채 1년이 남지 않았다. 길지 않은 그 시간 동안 무엇을 어떻게 시작해야 하는지 도통 알 수가 없었다.

결국 퇴직은 직장인의 숙명이다. 대기업 임원도 다르지 않다. 숙명과 맞서는 방법은 하나다. 떠나야 할 때는 더는 뒤돌아보지 않고 떠나는 것. 그것만이 떠나는 직장인을 위한 유일한 처방이다.

오르는 데는 30년,
내려가는 데는 3초

    오래전부터 예정된 외부 회의 일정이 있었다. 본부의 모든 임원이 참석하는 자리였다. 집에서 차로 두 시간 남짓한 거리라 아침부터 분주히 준비했다. 도착해 보니 때가 때인지 서로를 대하는 표정이 어색했다. 웃고 있어도 웃는 것이 아닌, 회의장에 앉아는 있지만 관심은 다른 곳에 가 있는 느낌이었다. 회의 주제는 다음 해 실천할 부서별 운영 계획이었다. 과연 회의에 참석한 사람 중 몇이나 다음 해까지 남아 계획을 진행할 수 있을지 의문이 들었다.

    내 순서가 되어 말을 하는데도 멋쩍은 생각이 들었다. 부서장들이 발표한 계획에 피드백을 해주어야 하는데, 말하면서도 코미디 같다고 생각했다. 어차피 내년에 나는 없을 텐데, 어쩌면 여기 있는 사람들 다 같은 생각일 텐데, 정성스럽게 말하는 나나 진지하게 듣는 부서장들이나 모두 연기하고 있는 것 같았다. 내가 말하는 내용도 핵심 없이 겉돌기만 했다. 잡념이 생겨 집중하기도 어려웠고 별로 열정을 담고 싶지도 않았다. 열심히 메모하는 몇몇 신임 부서장들의 모습을 보니 미안한 마음이 들었다.

회의가 끝나고 주차장으로 가는 데 전화가 왔다. 인사부 번호였다. 순간 당황했다. '왜지? 왜 나한테 전화를 한 거지?' 이유를 찾느라 짧은 시간 동안 머리가 복잡해졌다. 그러다 그동안 걱정했던 일이 시작되었는지도 모른다는 생각이 희미하게 들기 시작했다.

"상무님, 어디세요?"

전화를 받아보니 인사부 임원이었다. 누구인지 확인하고 나니 더욱 긴장되었다. 지금까지 인사부 임원에게 전화를 받은 기억이 별로 없었다. 순간 직감했다. '오늘이구나. 내 차례구나.'

"외부에서 회의가 있었어요."

감정을 숨기며 최대한 차분하게 대답했다.

"지금 본사로 들어오실 수 있으세요?"

인사부 임원이 다시 물었다.

"지금요? 네, 알겠습니다."

대답하는 말끝이 나도 모르게 작아졌다.

직감은 확신으로 변했다. 임원 인사 시기, 게다가 금요일 오후에 인사부 임원이 갑자기 전화를 걸어 본사로 오라고 하는 상황은 흔치 않은 일이다. 임원의 직급으로 보아 전달하려는 사안의 중대함을 느낄 수 있었다. 말하는 목소리에 안타까움이 묻어있어 그 내용이 암울할 것도 짐작되었다. 한 해 전, 회사의 중심 부서에서 주변 부서로 옮긴 임원에게는 더욱 그랬다.

운전하는데 많은 생각이 들었다. 끝을 예감하고 있었고 퇴직이 짐작되는 인사부 전화를 받으면 어떻게 반응할지 수백 번 연습했지만, 통화하는 내 목소리는 분명 떨리고 있었다. 마음을 잡지 못하고 불안해하는데, 또 전화가 왔다. 가깝게 지내던 동기 임원이었다.

"상무님! 전화 받았어?"

보통 때처럼 활기찬 목소리였다.

"무슨 전화요?"

내가 물었다.

"인사부 전화! 난 받았어. 나 오늘까지인가 봐."

이미 소문으로 그 해가 마지막임을 알고 있던 동기의 목소리는 평소와 다름없이 밝았다. 목소리 톤만 보면 좋은 일이 있는 사람처럼 느껴질 정도였다. 순간 정신을 차렸다. 동기에게 침울해하는 모습을 보이고 싶지 않았다. 억지로 밝은 척 목소리를 높이며 말했다.

"저도 받았어요. 나가라는 거겠죠? 같이 나가요. 나가지 뭐."

애써 씩씩한 척했지만, 전화를 끊는 순간 마음은 다시 나락으로 곤두박질쳤다.

본사에 도착해 안내받은 소그룹 회의실로 갔다. 문을 열자마자 나를 향해 한꺼번에 쏟아지는 사람들의 시선이 느껴졌다. 이미 여러 명이 앉아 있었다. 조금 전 통화했던 동기 임원도 눈에 띄었다. 나를 바라보는 사람들의 눈빛으로 보아 누가 '짐작하는 그 일'의 대상자인지 들어오는 얼굴을 통해 확인하고 있는 것 같았다. 내가 빈자리를 찾아 들어가는 동안 다시 한번 문 여는 소리가 들리자 모두의 시선이 또다시 문 쪽으로 쏠렸다.

공식 순서가 시작되기까지 그 누구도 먼저 이야기를 꺼내는 사람은 없었다. 다시 뒤집을 수 없는 모래시계처럼 끝이 보이는 얼마 남지 않은 시간만을 흘려보내고 있었다.

잠시 후 대표님께서 들어오셨다. 침통한 표정으로 아직 도착하지 않은 임원은 없는지를 인사부 임원에게 물으셨다. 대답을 기다리는 동안 자리에 모인 임원들의 얼굴을 천천히 둘러보셨다. 그리고 한참 후 나지막이 말씀하셨다.

"여기 계신 분들은 올해가 마지막인 분들입니다."

우려와 예상이 현실로 바뀌는 순간이었다. 모두의 표정이 변했다. 누군가는 허공을 바라보았고, 누군가는 애써 태연한 척하며, 누군가는 눈물을 터뜨릴 것 같았다. 드러나는 모습은 달랐지만, 모두 마음은 같았으리라. 또 한 번의 침묵 후 대표님께서 다시 말씀하셨다.

"그동안 애쓰셨습니다."

그리고는 한 사람 한 사람에게 악수를 청하셨다.

30년 직장생활에 종지부를 찍는 순간이었다. 30년 세월에 종지부를 찍는 데 걸린 시간은 불과 3초에 지나지 않았다.

30년 차 직장인의
마지막 퇴근

무거운 분위기는 오래가지 않았다. 진행을 맡은 인사부 임원이 침울한 목소리로 준비된 일정이 모두 끝났음을 알렸다. 떠나야 하는 임원들도, 적어도 한 해는 더 남아 있을 임원들도 아무 말 없이 자리에서 일어섰다.

회의실에서 나와 엘리베이터 홀에서 승강기를 기다리는데 서 있는 공간이 낯설게 느껴졌다. 함께 퇴직 통보를 받은 임원들과 같이 있는 것도 어색하게 느껴졌다. 사람들에게 걸어 내려가겠다는 인사를 하고는 비상계단 쪽으로 향했다. 의외로 아무 생각도 들지 않았다. 머리가 멈춘 것 같았다. 7층을 계단으로 내려오는데 다리만 기계적으로 걷고 있었다. 지난 1년 동안 닥치지도 않은 퇴직으로 무수히 많은 생각을 했던 것과는 달리 이상하리만큼 머리가 텅 빈 것 같았다. 무의식적으로 고개를 들지 않았더라면 사무실이 있는 층을 지나칠 뻔했다.

공동 사무실로 들어서니 나를 본 팀원들이 쭈뼛쭈뼛 일어섰다. 모두 소문으로 나의 퇴직 사실을 알고 있는 것 같았다. 간단한 묵례를 하거나 선 채로 앞으로 모아 잡은 두 손을 만지작거릴 뿐 나에게 다가오는 사람은 없었다.

"무슨 일 있어? 하던 일 해요."

상황과 맞지도 않은 나의 농담에 팀원들이 부자연스럽게 웃으며 하나둘씩 의자에 앉았다.

내 자리로 오고 나서야 긴장이 풀리는 것 같았다. 마음을 가다듬으며 천천히 서너 평 남짓한 사무실 안을 둘러보았다. 커다란 오크 색 테이블이 가장 먼저 눈에 들어왔다. 공간 대부분을 차지하는 값비싼 가구들이 한눈에 보기에도 이곳이 임원의 공간임을 말해주는 것 같았다. 나 역시도 그동안 나를 찾아오는 사람들에게 윤기 도는 가죽 의자에 앉길 권하며 내가 임원의 신분임을 확인하곤 했다.

'너와도 작별이네.'

마지막이라는 생각이 들자 서운한 감정이 들면서 사소한 모든 것이 소중하게 느껴졌다.

몇 분이 흘렀을까. 자리로 돌아온 지 얼마 되지 않은 것 같은데 내 사무실로 한 사람이 들어왔다. 오가며 보았던 총무팀 직원이었다.

"안내해 드릴 사항이 있어서 왔습니다."

내가 인사할 틈도 없이 말을 꺼내는 행동이 마치 나를 기다린 것 같았다. 시간이 괜찮은지를 먼저 물어보는 다른 사원과는 달리 용건부터 말하는 화법에서 비장함이 느껴졌다.

"사용 중인 임원 혜택에 관해 설명해 드리겠습니다."

총무팀 직원은 내가 사용 중인 회사 차량을 언제까지 반납해야 하는지, 법인카드 사용기한은 언제까지인지 등을 설명했다.

"네, 알겠어요."

중간중간 대답하며 열심히 듣는 척했지만, 실상은 귀에 들어오지 않았다. 이미 퇴직한 선배들을 통해 들은 바도 있었고 무엇보다 일사불란하게 진행되는 퇴직 통보 후 상황 변화가 어리둥절했기 때문이었다. '빨리 다 내놓으라는 말이네.' 속으로 생각하며 복잡해지려는 머릿속을 정리했다.

30년 전 대학을 갓 졸업하고 신입사원으로 첫 출근을 하던 날이 생각났다. 그때 내가 손에 들고 있던 것은 작은 핸드백 하나가 전부였다. 아무 준비 없이 출근했는데도 나의 양팔은 이내 가득 채워졌다. 그러나 30년이 지난 후 직장생활의 마지막 퇴근을 앞둔 시점에 내 손에 남겨진 것은 반납해야 하는 차 키와 법인카드, 두 개뿐이었다. 사원 시절 느꼈던 기대와 희망은 온데간데없고 회복이 불가능해 보이는 걱정과 슬픔만이 나를 벼랑 끝으로 내몰고 있었다. 모든 것이 신기루처럼 사라졌다.

잠시 생각에 잠겨 있는데 연이어 메시지가 왔다. 줄곧 조용하기만 하던 휴대폰이 갑자기 바빠지기 시작했다. 생각을 멈추고 휴대폰을 집어 들었다.

[그동안 애쓰셨습니다. 앞으로……]

이미 퇴직한 선배 임원들이었다. 퇴직과 동시에 자동 가입되는 퇴직 임원 모임을 대표해 문자를 보낸 분도 계셨고, 과거에 상사로 모셨던 분도 연락을 주셨다. 회사에 근무하지도 않는 분들이 비슷한 시각에 한꺼번에 연락을 주는 것으로 보아 이미 사내 게시판을 통해 이번 임원 인사발령이 공지된 것 같았다. 직원들이 임원 인사변동을 궁금해하는 회사 밖 누군가에게 열심히 소식을 전달하고 있을 터였다. 혹시 꿈이 아닐까 하고 생각하고 있었는데 연신 울려대는 문자 메시지를 보니 다시 되돌릴 수 없는 현실임이 느껴졌다.

떠날 채비를 마치고 팀원들이 있는 부서 사무실로 갔다. 퇴근 시간이 가까워서인지 자리에 있는 팀원들은 많지 않았다. 나를 보자 팀원들 모두가 일어섰다.

"그동안 고마웠어요."

마음을 담아 모두에게 감사를 전했다. 여전히 어찌할 바를 몰라하던 팀원들이 고개를 숙이며 예의 바르게 인사했다. 한 해 동안 일하며 좋은 기억만 있었던 것은 아니지만 대부분은 나에게 따뜻함을 느끼게 해준 고마운 후배들이었다.

"상무님, 또 언제……."

후배 한 명이 물었다.

"나중에 이야기하자."

기약 없이 미루고 마음속으로 헤어질 준비를 했다. 조금이라도 후배들에게 짐이 되고 싶지 않은 마음에서였다. 마지막으로 한 사람 한 사람 눈을 마주치며 미소를 보냈다. 그리고 환하게 인사했다.

"잘 지내요."

1층으로 내려와 공용 홀로 나가는 회전 출입문 앞에 섰다. 유리문 너머로 보이는 바깥 풍경이 이전과 다른 의미로 다가왔다. '지금 이 문을 나가면 다시는 돌아올 수 없겠지.' 회사를 떠나도

회사를 그리워하는 마음이 생기지 않도록 힘을 내야겠다고 다
짐했다. 무지해서 오히려 열심이었던 30년의 전 그 의지를 다시
찾아야겠다는 각오를 다지며 회전문을 힘껏 밀었다.

'회사로부터의 이별 통보' 어떻게 받아들일 것인가?

Q. 매년 회사를 떠나는 분들을 뵈면 기분이 묘해집니다. 어제까지 인사드렸던 상무님의 흔적이 밤사이에 사라지는 상황이 어리둥절하기도 합니다. 입사 7년 차, 막연히 퇴직이 아니어도 언젠가는 회사와 원치 않는 이별을 하게되리라 생각합니다. 언젠가는 받게 될 회사로부터의 이별 통보. 어떻게 하면 잘 받아들일 수 있을까요?

경아로운 생각

세상에 쓸모없는 경험은 없습니다. 언뜻 쓸모없어 보여도 시각을 달리하면 얼마든지 필요한 경험으로 바꿀 수 있습니다. 이별도 마찬가지입니다. 이별에도 쓸모가 있습니다. 무엇일까요?

이별은 나를 성장시키는 도구가 됩니다. 이별을 통해 교훈을 얻어 부족한 역량을 채우기도 하고 더 맞는 길을 찾아갈 수도 있습니다. 흔히 이별을 끝이라 생각하지만, 사실은 시작이기도 합니다. 과거는 돌아보지 말고 미래에 집중할 때 이별의 긍정적 효과를 기대할 수 있습니다. 우리는 그 반대를 경계해야 합니다. 내 성장을 저해하는 경우입니다. 이별 후와 이별 전에 조심해야 하는 대표적인 사례로 이별 후에 헤어진 상대에게 헤어 나오지 못하고 새 출발에 지장이 생기는 경우와 이별 전에 헤어짐을 미리 걱정하여 상대와의 관계에 위축되는 경우를 들 수 있습니다. 생각만 해도 안타깝습니다. 특히 상대방의 마음이 내 마음과 같지 않다면 더 그렇습니다. 직장인에 대입하면, 퇴사 또는 퇴직 후에 회사를 원망하느라 에너지를 낭비하는 경우나, 재직 중에 혹시 잘리지 않을까 하고 눈치 보느라, 해야 하는 일도 해야 하는 말도 하지 못하는 상황이라고 할 수 있습니다. 특히 후자의 경우, 오히려 원치 않는 이별을 앞당기는 지름길이 되기도 합니다. 성과는 도전과 소신을 필요로 합니다. 이별이 두려워 전전긍긍하는 사람이 도전과 소신을 갖기란 쉽지 않습니다.

결국 이별 통보를 잘 받아들인다는 의미는 이별로 인해 마음의 상처나 부정적인 영향을 받지 않고, 나아가 이별 전보다 더 잘 산다는 뜻일 겁니다. 어떻게 그럴 수 있을까요?

그러려면 이별에 둔감해지고 이별에서 자유로워져야 합니다. 그깟 이별 상대, 내 인생에 별 비중 없는 하등의 의미로 만들어야 합니다. 뭐든지 지나치게 의미를 부여하면 상대적 후유증이 생기기 마련입니다. 최선은 다하되 악영향을 받는 일은 없어야 합니다.

경이로운 경험

저는 첫 직장에서 두 번의 사직서를 낸 경험이 있습니다. 첫 번째는 IMF 때였습니다. 패션 회사에서 한 브랜드의 디자인 실장을 맡고 있었습니다. 국가적 위기 상황인 만큼 제가 몸담고 있던 회사도 몸집을 줄이기로 결정했고, 제가 맡은 브랜드는 정리 대상이 되었습니다. 저와 같은 처지에 있던 많은 사람이 회사의 통보가 오기만 기다리던 상황에서, 저는 한 발 앞서 스스로 사직서를 제출했습니다. 회사의 통고를 기다리느라 시간을 낭비하고 싶지 않았고 하루라도 빨리 제 갈 길을 가고 싶었습니다. 솔직히 하고 싶은 일이 있는 저에게 회사와의 이별은 별로 중요한 이슈가 아니었습니다.

사직서를 내고 계획해 온 다른 일을 하고 있는데, 회사로부터 연락이 왔습니다. 유지해나갈 다른 브랜드의 디자인 실장을 맡아 달라는 내용이었습니다. 후배가 맡고 있던 브랜드여서 제가 가게 되면 후배는 팀원으로 밀려나게 되어 처음에는 고사했지만 결국 재입사하게 되었습니다. 기존에 제가 거둔 성과를 높이 산 회사의 제안이었다고 생각합니다.

저는 그때 확실히 느꼈습니다. 회사에서 살아남으려면 무조건 일을 잘해야 하는구나, 이별의 선택권은 관계의 갑에게 있구나, 그렇다면 나도 어디서든 관계의 갑이 되어야겠다고 말이지요. 제가 회사에 더 열과 성을 다했던 시기가 그때부터였습니다.

회사의 이별 통보를 잘 받아들이려면, 결국 회사와의 관계에서 갑이 되어야 합니다. 그러기 위해서는 먼저 실력을 키우셔야 합니다. 모든 관계는 힘의 논리가 지배합니다. 회사와의 관계도 마찬가지입니다. 힘이 더 센 사람이 주도권을 가질 수밖에 없습니다. 회사와의 관계에 있어 힘은 업무 능력이 되겠지요.

우선 일부터 잘하고 보아야 합니다. 일 잘하는 법은 직급과 직책에 따라 다릅니다만, 한마디로 표현하자면 일당백의 실력을 갖추셔야 합니다. 주어진 업무를 완벽하게 처리하는 것은 기본이고 직급이 높아짐에 따라 팀 내 구멍을 메우는 일, 조직을 결속시키는 일, 회사의 성장을 견인하는 일 등 점차 범위를 넓혀가야 합니다. 일을 잘한다는 의미에는 성과 창출뿐 아니라 협업, 리더십, 팔로워십 등 구성원 간의 관계적 측면도 포함됩니다. 회사는 팀워크로 움직이는 조직임을 기억하고 각자 위치에 맞는 역량을 갖추시길 바랍니다.

다음으로 회사를 제대로 포지셔닝해야 합니다. 회사가 내 인생의 최종 목표가 되어서는 안 됩니다. 최종 목표점까지 가기 위한 구간별 프리패스 정도로 활용하시길 바랍니다. 어렵게 입사해 직장생활을 하다 보면 회사가 주는 안정감과 편안함에 길들여져 다른 생각은 하지 못하게 됩니다. 회사가 내 인생의 전부라고 착각하거나 더러는 회사에서 뼈를 묻겠다고 생각하기도 합니다. 열심히 하는 것이 필요합니다만, 맹목적 추앙은 위험합니다.

혹여 뜻하지 않는 결과를 얻을 때 마주할 리스크가 너무도 큽니다. 회사가 그만큼 가치 있는 존재라면 모를까, 제 경험상 그 정도는 아니라고 생각합니다.

마지막으로 견문을 넓히시길 바랍니다. 많은 직장인이 회사에 집중한다는 명분으로 회사와 관련된 사항에만 관심을 쏟습니다. 이러한 자세는 당장 일하는 데는 도움이 되겠지만 장기적으로 보면 바람직하지 않습니다. 편중된 시각은 사고를 편협하게 만들고 편협한 사고는 기형적인 성장을 초래합니다. 직장생활을 오래 할수록 회사 밖에서 어려움을 겪는 원인입니다. 용불용설*의 법칙에 따라 날개가 퇴화되어 날지 못하는 조류가 교과서에만 존재하는 것이 아닙니다. 익숙하고 안락한 것만 쫓다 보면 머지않은 미래에 나의 모습이 될 수도 있습니다. 크게 멀리 내다보는 시야를 갖춰야 합니다. 폭넓은 견문은 남과 견주어 차별적 경쟁력을 갖게 하고 내 삶의 밸런스를 유지해 회사가 없는 삶에 대해서도 자신감을 갖게 합니다.

- 용불용설 자주 사용하는 신체 기관은 세대를 거듭함에 따라 더욱 발달하고, 그렇지 못한 기관은 점점 퇴화하여 소실된다는 학설

결론적으로 회사의 이별 통보를 가볍게 받아들이려면 내가 경쟁력이 있어야 합니다. 언제 닥쳐올지 모르는 이별을 생각하기보다 이별 앞에서 두려운 것 없는 내 모습을 완성해 나가길 바랍니다. 당당한 이별은 당당한 나로부터 출발합니다.

준비되지
못한 자에게
회사 밖 전장은
더 처절하다

퇴직 1일 차,

이른 아침 집을 나선 이유

시계를 보니 6시 50분. 늦었다. 평소보다 20분이나 늦잠을 잤다. 분명 알람을 맞추었을 텐데 못 들었나 보다. 9시부터 본부 회의가 있는 날이라 서둘러야 했다. 최대한 빨리 준비해서 어떻게든 시간 안에 도착해야 했다. 회사 분위기도 좋지 않은데 괜히 지각하는 모습을 보여 윗분한테 책잡히고 싶지 않았다.

허겁지겁 간신히 준비를 마치니 20분이 지났다. 도로가 많이 막히지만 않으면 늦지 않게 도착할 수 있을 것 같았다. 다행이었다. 방문 옆에 놓여 있는 가방을 집어 들었다. 필요한 소지품은 그대로 담겨 있을 테니 차 키만 챙기면 됐다.

"어디 가?"

신발을 신고 있는데 남편이 화장실에서 나오며 물었다.

"말 시키지 마. 바빠!"

대답할 겨를도 없었다.

"어디 가냐고."

남편이 또 물었다.

"말 시키지 말라고!"

내 목소리가 높아졌다.

"혹시 회사 가는 거야?"

남편이 다시 물었다.

"늦었다니까!"

급기야 내 목소리가 커졌다.

현관문을 여는데 남편이 말했다.

"당신 이제 회사 안 가도 되잖아."

순간 머리에 무엇인가를 맞은 것 같았다. '내가 회사를 안 가도 된다고?' 불과 0.1초도 안 될 것 같은 시간에 지난 3일간의 일이 파노라마처럼 스쳐 갔다.

그랬다. 지난 금요일 오후, 나는 올해가 마지막이라는 퇴직 통보를 대표님께 들었다. 곧바로 사람들과 서로 어색한 인사를 나누었고 다시는 들어갈 수 없는 출입문을 나오며 회사와 영영 이별했다. 그날 저녁에는 오랜 동기와 술을 취하도록 마시면서 종잡을 수 없는 기분을 풀었고, 토요일에는 쓰린 위를 부여잡고 토하기를 반복했다. 그리고 일요일에는 종일 침대 위에서 갖은 공상으로 괴로워하다가 새벽이 되어서야 겨우 잠이 들었다.

그리고 월요일, 신었던 신발을 다시 벗는데 마음이 무너져 내렸다. 온몸에서 기운이 빠져나가는 것 같았다. 이제는 회사를 가지 않아도 된다는 사실이, 아니 가면 안 된다는 사실이 믿기지 않았다. 맥이 풀려서 들고 있던 가방을 그 자리에 툭 떨어트렸다. 그리고 몇 걸음 걸어 소파에 철퍼덕 쓰러졌다. 소파 밖으로 늘어진 나의 팔다리가 무너진 내 마음속 같았다. 3일 전의 숙취가 다시 올라왔다. 혹사당한 몸도 힘겹게 느껴졌다. 출근의 긴장감이 풀리니 온갖 좋지 않은 감정이 자리 잡기 시작했다.

'오늘부터 회사 안 가는 게 정말 맞나?' 나는 회사에 가지 않아도 되는지 나에게 재차 물었다. 퇴직 통보를 받기는 했지만 더는 나오지 말라는 말은 아무도 해주지 않았기 때문이었다. 그러면서도 어이없다고 느꼈다. 졸업하면 다음 날부터 학교에 가지 않아도 되는 것과 마찬가지인데, 바보 같기 짝이 없는 고민을 하고 있었다.

생각해보니 많은 일이 있었다. 지난 금요일. 대표님께 퇴직 통보를 받았고 사무실로 돌아오자마자 총무팀 사원이 찾아와 그동안 누렸던 임원 혜택이 언제까지 유효한지 설명해주었다. 자동 가입되는 퇴직 임원 모임의 회장에게는 위로와 곧 있을 식사 모임에 대한 안내 문자를 받았고, 직속 상사는 본부 임원 미팅을 통해 공식적으로 내가 떠난다는 사실을 사람들에게 알렸다. 이제는 임원 신분이 아니며 출근하지 않아도 된다는 증거가 차고 넘치는데 무슨 말이 필요할까.

나의 몸은 나의 아침을 기억하고 있었다. 수십 년을 그래왔듯 평소 습관대로 움직이고 있었다. 굳이 알람을 맞추지 않아도 늘 일어나는 시간에 자연스레 눈이 떠졌고 출근 준비를 시작했다.

내 방 책상에 앉아 출근하면 늘 하던 대로 스케줄러를 펼쳤다. 12시부터 점심시간, 5시 퇴근. 두 가지를 적고 나니 해야 할 일이 더는 생각나지 않았다. 하루를 어떻게 채워야 할지 막막했다. 항상 시간이 부족했는데 하루쯤은 24시간이 아니라 8시간이어도 괜찮지 않나 하는 생각이 들었다. 한참을 앉아 있었는데도 도무지 아무 생각이 나지 않았다.

지난 30년간 직장은 나에게 숨이었고 맥박이었다. 직장이 멈추니 모든 것이 멈춘 것 같았다.

퇴직 7일 차,
한국을 떠날 수밖에 없었던 이유

하루가 너무 길었다. 불과 이틀을 혼자 보냈을 뿐인데 넘쳐나는 시간을 주체할 수 없었다.

10시. 팀원들은 모두 회의에 갔을까?

12시. 오늘 구내식당 점심 메뉴는 뭘까?

오후 2시. 전무님 보고 들어갈 시간인데…….

회사에서 지내던 시간을 생각하는 것 외엔 할 수 있는 일도, 하고 싶은 일도 없었다. 회사는 내가 무엇을 하는지 더는 관심이 없을 텐데, 여전히 나는 회사만 생각하고 있었다. 회사 일을 해야 하는 밝은 대낮에 업무가 아닌 개인적인 일을 하는 것도 눈치가 보였다.

오후 5시, 퇴근 시간이 지난 후에야 비로소 마음이 편해졌다. 이제 무얼 해도 괜찮은 시간이라는 생각이 들어 아침부터 미뤄 둔 일을 하기 시작했다. 온라인으로 장을 보고 가족들에게 오후 인사를 하고 나니 그제야 하루가 다 간 것 같았다. 슬슬 저녁에 무얼 먹을지도 생각했다.

지독했던 첫사랑과의 이별이 떠올랐다. 나는 첫사랑을 오랫동안 잊지 못했다. 일방적인 이별이었기에 헤어지고 나서 한동안 잠을 자지 못했고 잘 먹을 수도 없었다. 가만히 있어도 눈물이 났고 혹시나 하는 생각에 전화기 앞을 떠나지 못했다. 함께 갔던 장소를 지날 때면 가슴이 미어졌고 그가 있을 하늘을 바라보며 돌아오기만을 간절히 바랐다. 긴 시간 동안 이별의 그늘에서 벗어나지 못하고 아파했다. 그런데 그런 첫사랑과의 이별보다 회사와의 헤어짐이 천만 배는 더 힘겹게 느껴졌다.

선후배와 동료들에게 오는 안부 메시지도 참을 수 없었다. 그동안 누구보다 열심히 살았으니 이제부터는 마음을 내려놓고 편안한 시간을 보내라는 내용이 대부분이었다. 마음에 전혀 와닿지 않는 메시지를 보며 위로는커녕 그들의 공감 능력에 의문을 가졌다. 입장을 바꿔 생각하면 그런 말이 나올까? 괜한 트집을 잡으며 이런 메시지라면 차라리 보내지 않는 게 배려라는 원망이 들기도 했다.

식사 자리를 갖자는 연락도 부담이었다. 떠나는 사람에게나 보내는 사람에게나 더는 함께일 수 없는 상황에서 함께하는 밥 한 끼가 무슨 의미가 있나 싶었다. 한해 전, 퇴직하는 선배 임원과의 송별 회식을 다녀온 후에 어느 팀원이 했던 말이 생각났다.

"김 상무님, 펑펑 우시더라고요."

그렇게 말하는 남겨진 자의 표정은 떠난 자의 심정과는 거리가 멀어 보였다. 떠나는 자에게는 다음 날까지도 여운으로 남아 있을 식사 자리가 보내는 자에게는 고작 잘 먹은 밥 한 끼에 지나지 않는다는 것을 익히 알고 있었다.

떠나기로 마음먹었다. 회사와 같은 하늘 아래 있는 것이 고통이었다. 이대로는 회사를 잊을 수 없을 것만 같았다. 보이는 모든 장면이 회사를 떠올리게 만드는 환경에서는 도저히 버틸 수가 없었다.

목적지는 치앙마이로 정했다. 언젠가 미용실에 비치된 잡지에서 본 기사가 떠올랐기 때문이었다. 당시 치앙마이 한 달 살기에 관한 기사를 보며 나와는 무관한 삶이라는 생각을 했다. 시간이 주어진다면 차라리 그 시간에 프로젝트를 하나 더 진행하겠다고 생각했다. 불빛 찬란한 야시장이며 형형색색의 태국 음식에도 별 감흥을 느끼지 못하고 페이지를 넘겼었다.

　내게 목적지는 중요하지 않았다. 어디든 상관없었다. 서울만 아니면 그만이었다. 낯선 하늘과 낯선 공기, 낯선 언어면 어디든 괜찮았다. 그곳이 어디인들 지금보다는 나을 것 같았다. 여행지를 고르는 노력도 다 귀찮고 쓸데없었다.

　일정은 가장 먼저 출발하는 항공편으로 선택했다. 되도록 빨리 떠나고 싶었다. 모든 것이 내게 등 돌린 것 같은 곳에서는 1분 1초도 버티기 힘들었다. 골든타임을 놓쳐 더 이상 손쓸 수 없는 상태가 되지 않으려면 가능한 한 빨리 떠나야 했다. 그렇지 않으면 영영 회복할 수 없을 것만 같았다.

　그렇게 구입한 3일 뒤 떠나는 치앙마이행 항공권. 항공권 구매를 마치고 나니 최근까지 함께 일한 선임에게 연락이 왔다. 주된 용건은 송별회 자리 마련이었지만, 그보다는 며칠 새 달라진 회사 분위기에 관해 이야기하고 싶어 하는 것 같았다. 상무님 계실 때가 좋았다며 너스레를 떠는데 귀에 들어오지 않았다. 깍듯했던 목소리 톤도 예전같이 느껴지지 않아 섭섭한 마음이 들었다.

　"내가 당분간은 시간이 안 돼서. 기회가 되면 신년회로 합시다."

　우선은 미뤄두었다. 내키지 않는 마음에 쉽지 않은 신년회를 제안하며 시간을 벌자는 계산에서였다.

"그래도 되시겠어요?"

적극적으로 권하지 않는 선임의 태도에 또다시 서운한 감정이 들었다.

사소한 것에 마음 두지 말자. 어차피 나는 떠난다. 부디 치앙마이는 나를 따뜻하게 맞아주면 좋겠다.

퇴직 n일 차,

·····방황의 연속

으슬으슬 오한이 났다. 따뜻한 나라에서 2주를 보내고 오니 한국의 겨울이 유독 차갑게 느껴졌다.

퇴직 통보를 받고 나서 같이 일했던 동료와 후배들이 식사하자는 연락을 많이 해왔다. 더러는 진심인 경우도 있었고 더러는 의례적이었다. 송별회가 보내는 사람의 입장에서도 부담이라는 것을 알아서, 특별히 감사를 표현해야 하는 몇몇 사람과만 약속을 정하고 대부분은 정중히 사양했다. 가장 먼저 인사드리기로 생각한 분이 한때 모셨던 상사였다. 함께 근무하는 동안 나를 믿고 지지해주셨던 고마운 분이었고 퇴직 후에도 먼저 연락을 주셔서 감사한 마음으로 일정을 잡았다. 약속 장소에 가기 전에 사모님께 드릴 커다란 꽃다발을 준비했다. 애처가인 상사가 기뻐하실 생각을 하니 상상만으로도 기분이 좋았다.

"전무님!"

씩씩하게 부르며 예약된 방으로 들어갔다.

"어, 왔어?" 상사는 이미 와 계셨다. 평소 인사하는 톤보다 작고 낮은 목소리로 맞아주셔서 내가 도착하기 전에 사람들과 무거운 이야기라도 나눈 느낌이 들었다.

"사모님 드리려고 꽃을 준비했어요."

여전히 밝은 톤으로 내가 말했다. 받으며 고맙다고 말씀하시는 목소리가 가라앉아 있었다. 평소처럼 껄껄 웃으며 좋아하실 거라는 기대와는 달리 표정이 밝아 보이지만은 않아 김이 빠졌다.

식사하는 동안 오고 간 대화의 주제도 여느 때와 달랐다. 아예 서로의 관심사가 다른 것처럼 보였다. 함께 근무할 때 있었던 에피소드 몇 가지를 추억처럼 나눈 뒤로는 공통된 화제가 없어 대화가 중간중간 끊겼다. 주문한 음식이 아직 나오지도 않았는데 지루함이 조금씩 느껴지기 시작했다. 처음 생각과는 분위기가 달라 서운한 감정이 들 즈음 상사가 최근에 거둔 프로젝트의 성과를 무용담처럼 말하기 시작했다. 그리고 그 끝에 당신의 업무상 협조가 필요한 사람을 연결해 줄 수 있는지를 내게 물었다.

순간 당황스러웠다. 시작부터 상사에게 느껴졌던 피곤한 기색은 전혀 없고 아예 내 쪽으로 몸을 돌리며 묻는 모습이 식사 자리의 목적까지도 의심하게 했다. 회사를 떠나 불투명한 미래를 앞두고 고민이 많은 후배에게 업무적인 부탁을 하는 것이 섭섭하게만 느껴졌다.

상사와의 식사 자리는 오랜 시간이 걸리지 않았다. 이전에 상사와 가졌던 저녁 모임과 비교하면 훨씬 짧은 시간 안에 식사를 마쳤다. 상사를 배웅하고 집으로 돌아오는데 착잡한 심정이 들었다. 무엇이 내 기분을 쓸쓸하게 만드는 걸까? 치앙마이에서 여행 기간을 연장하지 않고 한국으로 돌아온 이유 중 하나가 상사와의 식사 자리였을 만큼 내게는 특별한 약속이었다. 그런데 마치고 보니 상사에게 나는 그저 회사를 그만두게 된 후배 중 한 명으로 전락한 느낌이었다. 함께 퇴직 통보를 받은 다른 임원들과도 돌아가며 식사 자리를 가지고 있다는 말을 듣고 방금의 자리가 나를 위한 송별회는 아니었을지도 모른다고 생각했다.

직장생활을 하며 수많은 송별회를 했다. 대부분은 같이 일하던 회사 안에서 내가 떠나거나 누군가를 떠나보내던 상황이었다. 뒤늦게 경험해보니 퇴직 후 맞는 송별회는 그러한 송별회와는 비교할 수 없는 차이가 있었다. 내가 서운한 감정을 느끼는 이유는 그 때문인 것 같았다.

우선 생각의 차이가 컸던 것 같다. 식사 자리에 대한 나와 상사의 시각은 분명한 차이가 있어 보였다. 나는 확실히 이전보다 더 큰 기대감을 가지고 상사와의 자리를 고대했다. 그동안 수고했고 앞으로도 잘 될 테니 염려 말라는 진부한 위로가 아니라, 진심으로 힘과 용기를 주는 인생 선배로서의 모습을 바랐다. 하지만 나와는 반대로 상사는 나를 위한 송별회를 보통의 식사 자리로 생각한 것 같다. 언제든 다시 만날 생각에서였는지, 아니면 더는 회사라는 곳과 인연이 없는 사람처럼 생각해서였는지, 나의 기대와는 온도차가 있음은 분명해 보였다.

생각의 차이는 달라진 입장 차이에서 비롯된 것 같았다. 당장 내일만 하더라도 나는 별다른 일정 없이 시간을 보내겠지만, 상사는 아침부터 격무에 시달릴 것이 분명했다. 아마도 나를 만나기 위해 정시에 퇴근한 것도 다음 날 업무에 부담이 될 것이다. 결국 나의 퇴직이 나와 상사를 같은 회사에서 같은 목표를 향해 달리던 직장인에서 전혀 다른 세상에서 전혀 다른 신분을 가진 사람으로 만들어 버린 듯했다. 이것이 앞으로 내가 마주해야 하는 현실이라는 생각이 들었다.

기대했던 퇴직 후 첫 송별회는 실망만을 남겼다. 뒤이은 송별회도 이러하다면 취소하는 편이 낫겠다고 생각했다. 아무리 내가 섭섭하게 느낀다 한들 이 모든 것은 당연한 일이었다. 이상한 일은 아무것도 없었다. 그저 나와 상사가 다른 길에 서 있을 뿐이었다. 그리고 아직은 내가 이 모든 것을 받아들일 준비가 되어 있지 않을 뿐이었다.

퇴직 한 달 차,
한 번 간 전성기는 다시 오지 않는다

늘 일어나는 시간에 눈이 떠졌다. 몸이 기억하는 내 기상 시간은 퇴직한 지 한 달이 다 되어가는 데도 바뀌지 않았다. 시차의 차이만 있을 뿐 치앙마이에서도 한결같았다.

여느 때처럼 세수를 하고 머리를 감았다. 지난 30년 동안 매일 해온 일이었다. 거울을 보니 단발머리가 많이 자라 있었다. 미용실을 예약해야겠다고 생각했다. 간단히 아침을 먹기 위해 부엌으로 가는데 현관문 너머로 앞집 부부가 출근하는 소리가 들렸다. 엘리베이터가 오기를 기다리면서 분주하게 대화를 나누고 있었다. 다시 문을 열어 아이들에게 무언가를 이야기하기도 했다. 얼마 전까지의 내 모습 같았다.

퇴직 후 처음으로 하루 종일 해야 하는 일이 전혀 없었다. 퇴직하자마자 회사에 반납해야 하는 물품을 정리했고, 곧바로 치앙마이로 떠났다가 돌아오자마자 연이어 송별회를 했다. 중요하지는 않더라도 소소한 일 하나쯤은 매일 있었는데 한 달이 지나자 주변 정리도 모두 끝나 정말 할 일이 아무것도 없었다. 습관처럼 다이어리를 펼치니 메모 한 줄 없이 깨끗했다. 스케줄이 가득 차 있어야 마음이 놓여 이제껏 하는 일이 끝나기도 전에 새로운 일을 만들어가며 채웠는데, 텅 빈 다이어리 앞에서 어찌할 바를 몰라 잠시 망설였다.

무엇을 해야 할지 한참 고민하는데 집 근처 카페 생각이 났다. 줄곧 입고 다닌 낡은 청바지에 두꺼운 외투를 꺼내 입고 카페로 향했다. 이른 시간인데도 카페 안에는 사람이 꽤 많았다. 대부분 혼자 무언가를 하고 있었다. 나도 한쪽에 자리를 잡고 앉았다. 커피를 한 모금 마시며 노트북을 켰다.

'뭘 해야 할까?' 카페에 오고 나니 그다음에는 무엇을 해야 할지 또 생각이 나지 않았다. 아침에 컴퓨터를 켜서 사내 메일함을 확인하면서 그날의 일정을 체크하는 것이 일과의 시작이었는데, 이제는 회사 일을 하지 못하니 무엇부터 시작해야 할지 난감했다. 겨우 생각해 낸 개인 메일함과 인터넷 뉴스의 헤드라인을 확인하는 데는 10분도 걸리지 않았다. 무엇을 해야 할지 그다음이 계속 막혔다. 고민을 해봐도 마땅히 할 일이 떠오르지 않았다. 멈춰있는 사진 속 공간 안에 갇힌 기분이었다.

그러다 전날 동료가 보낸 메시지가 생각났다. 얼굴이나 보자며 편한 시간에 연락을 달라는 내용이었다. 격의 없이 가깝게 지낸 친구라 과한 격식을 차리지 않아도 괜찮을 것 같았다. 드디어 할 일이 생긴 것 같아 살짝 신이 났다. 오전 시간이 가기만을 기다리다 점심시간 직전에 언제든 전화하라는 메시지를 동료에게 보냈다. 점심시간에 통화하자는 의미였는데 이십여 분이 지나도 동료는 답이 없었다. 시간은 점점 흘러 점심시간도 거의 끝나가는데 왜 답이 없는지 궁금해지기 시작했다. 점심시간에 통화를 못하면 오후 시간이 그대로 지나갈 것이 뻔했다. 시간이 별로 없다는 생각에 초조함이 느껴졌다. 한참 망설이다가 차라리 내가 전화하는 게 낫겠다 싶어 휴대폰을 들었다. 통화 연결음 후에 동료와 연결이 되는가 싶더니 곧바로 '지금은……'하는 부재중 메시지가 흘러나왔다. 예상치 못한 상황이 당황스러웠다. '정말 바쁜가 보네.' 애써 생각을 정리했지만 섭섭한 마음이 들었다.

그날 오후 내내 동료의 연락만 기다렸다. 나에게 주어진 유일한 일이어서 얼른 마무리하고 싶기도 했지만, 그보다는 도대체 왜 연락을 주지 않는지가 궁금했다. 피치 못할 사정이 있을 거라 생각하면서도, 동료의 직급으로 보아 잠시 틈을 내어 짧은 답변을 주기가 어렵지는 않을 텐데 이해가 가지 않았다. 섭섭한 마음을 넘어 조금씩 화가 나기 시작했다. 내가 연락을 한 것도 아니고 본인이 먼저 메시지를 보냈으면서 잊은 듯 무심하게 행동하는 태도가 못마땅하게 여겨졌다. 어떻게든 그날 안에 통화를 해야겠다고 마음먹었다. 퇴근 시간에 업무를 마무리할 시간을 더해 전화할 시간을 계산했다. 감정이 화를 넘어 오기로 변하고 있었다.

결국 동료와는 통화를 하지 못했다. 동료도 연락하지 않았고 나 역시 연락하지 않았다. 일순간 감정이 치솟아 오르긴 했지만 마음을 다잡고 생각해 보니 내 생각에 문제가 있어 보였다. 따지고 보면 그동안 동료와 내 사이에는 메시지를 받고도 바로 답장을 못했던 상황이 많이 있었다. 하루이틀 지나고 나서 답을 하는 경우도 다반사였다. 그런데도 서로 마음 상하지 않았다. 그저 바쁘겠거니 생각하고 상황이 정리되면 연락해야겠다고 생각했다. 이전과 다르지 않은 상황인데 유독 예민하게 느껴진다면 원인은 나에게 있을 것 같았다.

동료와의 연락이 나에게는 그날의 유일한 일이었지만, 동료에게는 그날 해야 하는 수십 가지 일 중 하나였을 터다. 회사 분위기는 조직개편으로 어수선할 테고 동료는 다음 해 운영 계획을 세우기 위해 골머리를 앓고 있었을 터였다. 한때는 서로의 깊은 속내를 드러내며 이야기하는 절친한 관계였는데 이제는 먼 사람처럼 느껴졌다. 같은 회사 안에 있을 때나 동료지, 내가 회사를 떠난 이상 앞으로 예전 같은 기대는 하지 말아야겠다고 생각했다. 나의 달라진 처지를 다시 한번 실감했다.

　퇴근 시간이 지나 카페를 나설 채비를 했다. 생각해 보니 하루종일 내가 누군가와 대화한 일은 바리스타에게 여러 번 음료를 주문한 것이 전부였다. 두세 시간 간격으로 말을 하다 보니 주문할 때마다 나의 목소리는 매번 갈라져 있었다. 한 장소에서 오래 머무느라 눈치가 보여 하루 종일 주문한 음식이 커피 넉 잔에 샌드위치 두 개였다. 속이 쓰리고 더부룩했다.
　카페 문을 여는데 찬 바람이 얼굴에 강하게 부딪혔다. 생전 처음 느껴보는 추위였다. 한국의 초겨울이 이리도 추운지 처음 알았다. 하지만 추위보다 더 힘든 것은 얼어붙어 가는 나의 마음이었다. 몸과 마음이 모두 추우니 견딜 수가 없었다.

　3일 후, 나는 다시 치앙마이행 비행기에 올랐다.

현명하게
직장생활 하는 법

Q. 이제 입사 15년 차, 직장 내 중간 관리자급으로 일하고 있습니다. 아직도 자리를 못 잡고 힘들어하는 친구를 보면 안정적인 직장인이 최고라는 생각이 들다가도, 퇴사 후 사업하며 잘 나가는 대학 동기를 보면 부러운 마음이 듭니다.

굵고 짧은 직장생활 VS 가늘고 긴 직장생활. 어느 쪽이 현명한 선택일까요?

경아로운 생각

대답에 앞서 우리가 놓치면 안 되는 몇 가지를 말씀드리겠습니다. 먼저 직장생활은 내 의지와 무관합니다. 승진은 물론이고 근무지 이동, 퇴직 시점 등 내 마음대로 할 수 있는 것이 별로 없습니다. 굵고 짧은 직장생활을 하고 싶은데 가늘고 긴 직장생활을 하기도 하고, 그 반대의 경우도 얼마든지 많습니다. 이처럼 무엇하나 내 마음대로 결정할 수 없는데 선택하는 것이 과연 의미가 있을까요?

또한 직장생활에는 두 가지 선택지만 있는 것은 아닙니다. 주임으로 이른 퇴사를 하는 '가늘고 짧은' 경우도 있고 상무, 전무를 넘어 사장으로 일흔에 가깝게 일하는 '굵고 긴' 경우도 있습니다. 모든 경우의 수를 선택지로 두지 않는다면 질문 자체의 한계로 내 능력에 맞는 결과를 이루기 어렵습니다.

무엇보다 우리의 인생은 직장에서의 삶으로만 이루어지지 않습니다. 직장은 인생의 일부일 뿐입니다. 당장 직장에서의 삶만 생각한다면 지금 당장은 원하는 직장생활을 한다 해도 회사를 떠난 이후에는 어려움을 겪을 수 있습니다. 성공적인 직장생활이 회사를 떠난 이후의 성공까지 보장하지는 않습니다.

저는 공식처럼 여겨지는 위에 제시된 선택형 질문이 직장인들의 생각과 행동에 많은 제한을 준다고 생각합니다. 지금이라도 직장생활을 인생 전체와 연결해 고민해 볼 필요가 있습니다.

저의 목표는 굵고 짧은 직장생활이었습니다. 존재감 없는 직장인보다 인정받는 직장인이 되고 싶었습니다. 승진이 빨라 조금 짧게 직장생활을 하더라도 그 모습이 성공하는 직장인, 멋진 인생이라고 생각했습니다.

실제로 저는 원하는 목표를 이루었습니다. 탁월한 업무 성과로 남보다 빨리 승진했고, 40대 후반에 직장인의 1%도 되지 않는다는 임원의 자리에 올랐습니다. 회사가 나의 전부인 것마냥 촛불처럼 저 자신을 태우며 오로지 일에만 몰두한 결과라고 생각합니다.

목표는 이루었습니다만 몇 년 후 퇴직을 하고 나니 모든 것이 암울했습니다. 입버릇처럼 말한 '굵고 짧게' 직장생활을 하겠다던 외침의 끝은 참담했습니다. 평생을 직장에서 살 것처럼 행동한 과거의 제가 후회되었습니다. 근시안적 생각과 안일한 태도가 아까운 시간을 낭비하고 회사 밖 세상에 쉽게 안착하지 못하게 한 원인이 되었습니다.

현명한 직장생활을 원한다면 지금 당장 해야 할 일이 있습니다.

첫째, 회사에 대한 '관점 전환'을 해야 합니다. 직장생활은 내 인생의 일부에 불과하며 성공적인 인생을 위한 수단이라고 생각해야 합니다. 직장생활은 길어봐야 30년, 그나마 앞으로는 더욱 짧아질 것이 확실합니다. 반면 통계청에 따르면 한국인의 평균수명은 2021년 기준 83.6세이며 더 길어질 전망입니다. 시간적 비율로 보았을 때 직장생활은 내 인생의 30%에도 미치지 못하는 시간입니다. 상황이 이러한데도 직장인의 대부분은 거의 모든 시간과 열정을 회사에 쏟아붓고 있습니다. 집중이 필요한 시기와 대상에 좀 더 무게를 두는 것은 맞지만, 직장생활 이외의 영역에도 그에 상응하는 관심을 두고 있는지 돌아보아야 합니다. 나의 노력이 한쪽으로 편중되지 않도록 주의해야 합니다.

인생 전체에 대한 균형 잡힌 사고는 일을 바라보는 관점에 여유를 갖게 합니다. 이는 업무에 있어 폭넓은 시야와 일희일비하지 않는 뚝심, 사소한 일은 지나칠 수 있는 대범함으로 나타납니다. 따라서 불필요한 스트레스가 줄어드는 것은 물론, 업무 성과도 향상되어 속칭

일을 믿고 맡길 수 있는 '선 굵은 직장인'으로 평가받게
합니다. 경우에 따라 일에만 몰두하는 태도보다 더 나은
결과를 얻을 수도 있습니다.

둘째, '전 생애에 걸친 목표'를 세워야 합니다. 우리가
가져야 하는 목표는 인생의 전 시기를 포함해야 합니다.
인생 전 시기를 통해 시너지를 낼 수 있어야 합니다. 방
법은 자신의 현재 나이를 시작점으로 평균수명인 80세
를 종착점으로 두고 가까운 미래는 3~5년, 먼 미래는
10년 단위로 잘라 어떤 모습의 사람이 되고 싶은지 생
각하면 됩니다. 원하는 목표 상을 정했다면 이를 달성하
기 위한 계획을 수립해보세요. 이때 일, 건강, 인간관계,
자산 등 필요한 요소를 영역별로 구분해 각각의 계획을
따로 작성하시길 바랍니다.
이때 주의해야 할 점은 일관성이 있어야 합니다. 애초부
터 중심이 흔들리는 오락가락한 목표는 달성 가능성을
떨어뜨립니다. 내 인생에 관한 문제인만큼 깊이 고민하
셔서 목표를 잘 세우시길 바랍니다. 현실성도 있어야 합
니다. 목표는 달성을 전제로 합니다. 원대한 목표도 좋
지만 터무니없는 목표는 포기를 부릅니다. 나의 노력으

로 가능한 일부터 시작해 차츰 페이스를 조절하면서 속도를 높이길 권합니다. 무엇보다 목표는 구체적이어야 합니다. 실천 여부를 체크할 수 있도록 '매출 100억 기업 CEO', '독서 한 달에 2권'처럼 구체적인 숫자로 목표를 세우길 바랍니다. 습관이 되면 업무에도 적용할 수 있어 정확한 일 처리와 보고를 명료하게 하는 데 도움이 됩니다.

여기서 질문으로 다시 돌아가겠습니다. 답을 찾으셨나요? 어떤 직장생활을 해야 한다는 결론을 얻으셨나요? 위의 방법대로 목표를 세우다 보면 직장생활에 대한 계획은 저절로 세워집니다. 직장생활은 인생의 한 부분이어서 다음 단계와 자연스럽게 연결되기 때문이죠. 극단적인 예로 60세 달성 목표가 기업 CEO인데 직장생활을 하면서 정년퇴직은 물론 임금피크제®를 희망하는 사람은 없을 테니까요. 이러한 목표 수립은 언어 표현도 달라지게 합니다. '굵고 짧게'가 아니라 '40세 임원'으

• 임금피크제 근로자가 일정 나이에 도달한 시점부터 임금을 삭감하는 대신 근로자의 고용을 보장하는 제도

로, '가늘고 길게'가 아니라 '55세 은퇴'처럼요. 단어만 바꾸었는데도 스스로가 주도적인 사람처럼 느껴질 겁니다.

결론적으로 직장생활을 인생의 일부로 두고 인생 전체를 설계하셔야 합니다. 직장생활은 최종 목표로 도약하기 위한 도움닫기 구간으로 활용하시길 바랍니다. 현명한 직장생활은 현명한 인생 계획에서 출발합니다.

퇴직 후
가장 많이 변하는 것

　점심을 먹고 편의점에 가기 위해 집을 나섰다. 엘리베이터를 타고 내려가는 중간에 문이 열렸다. 관리사무소 직원이 알은체하며 올라탔다.

　"쉬는 날이세요?"

　가끔 우편물을 찾으며 인사를 나누던 사이였다.

　"아, 네."

　어떻게 대답해야 할지 몰라서 대충 얼버무렸다.

　편의점에 들어갔는데 영 어색했다. 누가 자꾸 나를 쳐다보는 것 같은 기분이 들었다. 아무도 없는 편의점 내부를 거듭 두리번거렸다. 편의점 안에 손님이라고는 나 하나뿐인 것을 확인하고도 여전히 누군가가 나를 지켜보는 것처럼 느껴져 불편했다. 괜히 편의점 주인도 마음에 걸렸다. 낮에 물건이나 고르는 나를 뭐하는 사람인지 궁금해할 것 같았다. 더 둘러보고 싶었지만, 시간에 쫓기는 사람처럼 필요한 것만 얼른 사서 나왔다.

집으로 가기 위해 엘리베이터를 기다리는데 내려올 때 만난 관리사무소 직원을 다시 만날까 봐 조마조마했다. 다시 만나면 내가 먼저 알은체해야 할 텐데 마땅한 대화 내용이 떠오르지 않았다. '계단으로 올라갈까?'하고 잠시 고민하다가 마주치질 않길 바라며 쓴 캡모자를 푹 눌러 썼다.

잠시 외출이라도 하려고 하면 집을 나서는 순간부터 고역이었다. 사람들의 시선이 무척 신경 쓰였다. 집 근처 단골 가게를 갈 때면 대낮에 오는 나를 회사 안 가고 뭐 하나 생각할까 염려되었고, 아는 사람을 만나게 되면 달라진 내 상황을 어떻게 말해야 할지 고민되었다. 묻지도 않았는데 먼저 말하기도 애매하고 그렇다고 그냥 넘어갔다가 나중에 알게 하는 것도 옳지 않은 것 같았다. 처음 만난 사람과 서로 인사를 나누어야 하는 상황은 더 어려웠다. 나를 누구라고 소개해야 할지 난감했다. 지금 당장하는 일이 없는데 이름만 단출하게 말하기는 뭔가 부족해 보이고 그렇다고 얼마 전까지 다녔던 회사를 말할 수도 없는 노릇이었다.

그러던 어느 날 대학 동창을 만난 자리에서 속상한 경험을 했다. 침울해 있을 나를 배려해 친구가 점심 식사를 청해 나가보니 처음 보는 사람이 함께 있었다. 만나기 전에 양해를 구하긴 했으나 그 자리가 너무 불편하게 느껴졌다. 우선은 나를 어떻게 소개해야 할지 생각이 나지 않았다.

"네, 저⋯⋯."

아무리 생각해도 설명할 방법이 없어 머뭇거리다 결국 '○○○의 친구'라고 말했다. 마음이 좋지 않았다. 누군가의 친구라고만 자기소개를 하기에 나는 너무 열심히 살아왔다. 과거의 영광은 어디로 가고 그저 누군가의 친구 신세가 되어버린 나 자신이 너무 초라하게 느껴졌다.

그러다 보니 사람들을 만나는 데 점점 자신감을 잃어갔다. 멋지고 당당하게 말하고 싶은데 내세울 것이 없어 위축됐다. 괜히 밝은 척 큰 소리로 대화하고 유쾌한 척 신나게 웃어보지만, 마음 한구석에는 나를 보는 사람들의 시선에 온 관심이 쏠려 있었다. 내 달라진 처지 때문에 사람들이 나를 만나기 꺼려할까 봐 식사 후에는 계산도 주저하지 않았다. 금전적인 부담이 되더라도 당장은 사람들에게 좋은 인상을 주고 싶었다. 내 얼굴에 퇴직자라고 쓰여있는 것도 아닌데, 한 명 한 명 붙들고 나는 당신이 생각하는 그런 사람 아니라고, 여전히 괜찮은 사람이라고 말하고 싶었다.

결국 망상이나 다를 바 없는 나의 걱정일 뿐이었다. 정작 사람들은 나에게 관심도 없는데 혹시 나를 무시하지는 않을까, 나를 측은하게 보지는 않을까 온갖 시나리오를 써가며 상상의 나래를 펼쳤다. 당장 엘리베이터에서 만난 관리사무소 직원도 그저 의미 없는 인사를 건넸을 뿐이었다. 편의점 주인에게 나는 그저 낮 시간대 손님 중 한 명일 뿐이며, 동창의 지인 역시 내가 어떤 소개를 했어도 듣는 순간 잊어버렸을 것이다. 그들에게 특별한 의미도 없는 나를 주의 깊게 지켜볼 리 만무한데 혼자 지레 겁먹고 작아져서 자신을 방어하기 위해 안간힘을 쓰고 있었다.

퇴직 후 나를 둘러싼 많은 것이 변했다. 내가 생활하는 환경도 주변 사람들도 모두 달라졌다. 하지만 무엇보다 가장 많이 변한 것은 나 자신이었다. 특히 자신을 평가하는 나의 시선이 바뀌었다. 어찌 보면 퇴직은 당연한 과정임에도 지나치게 큰 의미를 부여해 내 존재 의미를 깎아내리고 있었다. 퇴직으로 나의 쓰임새가 많이 줄었고 다시 일어서지 못하면 영원히 도태될지 모른다는 걱정에 늘 불안해하고 조급해했다. 사람들이 나를 볼까 걱정하는 시선은 사실 나 자신을 향한 나의 시선이었다.

그 마음은 세상을 왜곡돼 보이게 만들었다. 지극히 평범한 상황을 부풀려 생각하거나 오해하게 만들었다. 가족의 전과 다르지 않은 시큰둥한 반응은 30년 만에 집으로 돌아온 나를 홀대하는 것 같이 느껴졌고, 사업하는 친구가 내가 보낸 메시지에 답이 없으면 가치가 떨어진 친구를 정리하는 것처럼 생각되었다. 눈앞에서 펼쳐지는 모든 일상에 부정적인 추측을 담아 주변 사람들과 충돌하고 상황을 악화시켰다. 그를 통해 다치는 것은 결국 나 자신이었다. 내가 나를 평가하는 시선은 세상을 왜곡해서 보게 만들고, 그 결과는 고스란히 나에게 상처로 돌아왔다.

시간이 약이라는 말이 있지만, 고통의 시간을 다 보내보지 않고서는 시간이 흐른 뒤의 내가 어떻게 변해있을지 아무도 알 수 없다. 분명 고통의 시간을 끝내고 문을 열고 나올 해법의 열쇠는 자신에게 있으니, 내가 겪었던 시간과 같은 시간을 보내고 계시는 분이 있다면 용기를 내어 한시라도 빨리 문을 열고 나오시길 바랄 뿐이다.

30년 부채를
몸으로 갚던 날

"치마로 갈아입으시고 천장 보고 누워 계세요."

간호사의 말대로 옷을 갈아입은 후 침대에 반듯한 자세로 누웠다. 이른 아침이기도 하고 초음파실의 불빛이 어두침침해서인지 정신이 몽롱해졌다. 잠시 의사를 기다리는 동안 지난 기억을 떠올렸다.

"늦을수록 고생합니다. 날짜 잡고 가세요."

하복부 통증이 부쩍 심해져 병원을 찾았는데 담당 의사가 더는 미룰 수 없다며 무조건 수술을 권했다.

"그때도 수술 직전에 취소하시더니 그 후 오시지도 않고. 이젠 방법이 없어요."

연이어 나무라는 듯한 의사의 말에 맥이 풀렸다.

평생을 고질적인 아랫배 불편감을 달고 살았다. 한 달 간격으로 찾아오는 아픔은 내 생활에 적잖이 지장을 주었다. 통증이 심해 약을 먹지 않으면 일상생활이 어려울 정도였고 그러다 보니 신경이 예민해지기도 했다. 주기적 증상이 간혹 회사의 큰 행사와 겹치기라도 하면 걱정부터 앞섰다. 평소에는 그럭저럭 넘겼지만, 혹여 회사 일에 지장을 줄까 봐 일정에 맞춰 별도의 처방을 받아 미리 컨디션 조절을 해야 했다.

언젠가 회사의 부장급 이상이 참석하는 신년 등반대회가 그랬다. 전날부터 시작된 통증으로 출발 전부터 몸 상태가 정상이 아니었다. 새해 결의를 다지는 중요한 행사라 포기할 수도 없고 염려가 됐다. 아니나 다를까 산을 오르기 시작한 지 얼마 되지 않아 통증이 심해지기 시작했다. 한 걸음을 내딛는 것조차 힘겹게 느껴졌다. 내색하지 않으려 해도 발걸음이 계속 느려졌다. 함께 올라가던 동료들이 나와 보조를 맞추려 속도를 조절하자 마음이 불편해졌다. 먼저 올라가라며 그들을 보내고 천천히 뒤따라갔지만 끝내 정상에는 오르지 못했다. 이후 일정에라도 늦지 않으려면 오른 길을 다시 내려와야 했다.

지점장 시절의 체육대회도 마찬가지였다. 지점장이 반드시

뛰어야 하는 800m 이어달리기를 앞두고 아랫배 통증이 느껴졌다. 꼭 이겨서 사원들의 사기를 올리고 싶었는데 몸이 말을 듣지 않았다. 평소보다 많은 약을 먹고 젖 먹던 힘까지 끌어내 달렸지만 결국 메달권에는 들지 못했다. 내 탓인 것만 같아 경기가 끝나고도 두고두고 직원들에게 미안한 마음이 들었다.

시간이 흘러도 증상은 나아지지 않았다. 매년 건강검진에서 재검 권고를 받고 병원을 찾았지만 그때뿐이었다. 하루 이틀 간격으로 꾸준히 치료하라는 의사의 권고는 내게 사치처럼 느껴졌다. 평소 야근이 잦아 시간을 내기가 어려웠고 시간 내에 마친다 해도 퇴근 후에 쏜살같이 달려 나가는 모습을 사람들에게 보이고 싶지도 않았다.

그러던 어느 날 심한 하복부 출혈이 있었다. 통증뿐 아니라 전에 없던 불편감이 더해졌다. 확실히 내 몸이 망가지고 있음을 느낄 수 있었다. 급히 찾은 병원에서 의사는 수술을 권했다. 회복하려면 수술 후에 최소 한 달 이상은 쉬어야 한다는 말도 덧붙였다. 더는 견디기 어려울 것 같아 심각하게 고민했다. 그러다 곧 임원 인사 시기라 회사 분위기가 어수선할 테니 어쩌면 가능할지도 모른다는 생각이 들었다. 망설이다가 그 자리에서 수술 날짜를 잡았다.

그런데 임원이 됐다. 수술을 불과 2주일 앞둔 시점이었다. 어렵게 잡은 수술은 결국 포기했다. 수술은 이미 나의 안중에 없었다. 나에게는 나의 건강보다 회사가 훨씬 중요했다. 나를 믿어준 회사에 성과로 보답하고 싶은 마음뿐이었다. 밤낮을 가리지 않고 온 힘을 다해 오직 회사 일에만 매달렸다. 하지만 그러는 사이 나의 몸은 더욱 망가져 갔고, 결국 퇴직하자마자 곧바로 수술대 위에 올랐다. 몸이 보낸 숱한 경고를 무시한 결과였다.

온 힘을 쏟아온 지난날의 순간들을 후회하지는 않는다. 과거로 돌아간다고 해도 나는 똑같이 최선을 다할 것이다. 다만 내 삶 전체를 회사로 채우지만은 않을 것이다. 나 자신은 물론 주변도 돌아보며 내 삶을 일이 아닌 다른 것으로도 채우기 위해 노력할 것이다.

건강도 그중 하나다. 30년을 악착같이 직장생활을 하는 동안 내 몸은 적잖이 혹사당했다. 약한 모습을 보이기 싫어서 건강한 척 큰소리쳤지만, 남들 모르게 병원도 수없이 다녔다. 그사이 크고 작은 고질병이 생겨 회사를 떠나는 시점에는 평생 끊을 수 없는 약이 3종류나 됐다. 아침저녁 시간에 맞춰 약을 챙겨 먹을 때마다 지난날의 나를 돌아보게 된다. 일하면서 건강 해치는 것쯤은 직장인이 당연히 감내해야 하는 몫이라고 생각했던 나 자신이 한심하기 짝이 없다.

세상에 공짜는 없다. 그래서 퇴직 후 나에게는 남은 것이 별로 없다. 그 흔한 취미도, 있을 법한 특기도, 마음을 깊이 나눌 친구도 몇 없다. 내 삶의 대부분 관계가 일로 맺어졌고, 거의 모든 시간을 업무로 채운 탓에 내 삶에서 회사가 사라지자 나만 덩그러니 남았다. 한 곳만 보고 달렸던 무모한 선택에 대한 기회비용이라고 생각한다. 경험하고 나서야 굳이 하지 않아도 되는 경험이었음을 깨달았다.

사는 동안 해마다 건강검진을 받으며 마음을 졸일 것이다. 검사 결과를 기다리는 동안 일에만 몰두해 나 자신을 챙기지 못한 과거의 나를 반성할 것이다.

30년 직장생활과 맞바꾼 것은 나의 자궁이었다.

직장생활을 오래 했더니
바보가 되었습니다

근처 재래시장에 다녀올 계획을 세웠다. 걸으면 30분 거리라 잠시 고민하다 마을버스를 타기로 했다. 그런데 조금 긴장이 됐다. 마을버스를 타본 적이 없어서 버스비를 어떻게 내야 하는지 몰랐기 때문이다.

포털에서 마을버스비 내는 방법을 검색하려는데 버스가 도착했다. 버스에 타기 전에 기사에게 물었다.

"기사님, 신용카드 되나요?"

기사가 내 얼굴을 쓱 쳐다보더니 이내 고개를 돌리며 짧게 대답했다.

"돼요."

말하는 기사의 표정이 언짢아 보이기는 했지만 다행이라고 생각하며 버스에 탔다. '어디지?' 카드로 결제가 된다면 어디엔가 카드를 태그할 곳이 있을 텐데 찾을 수가 없었다.

"어디다 해요?"

다시 묻자 기사가 귀찮다는 듯 손으로 한쪽을 가리켰다.

"아줌마!"

빈자리를 찾아 걸어가고 있는데 뒤에서 기사의 퉁명스러운 목소리가 들렸다. 아무도 대답하는 사람이 없었다. 곧이어 더 큰 소리가 들렸다.

"아줌마! 아줌마!"

어떤 상황인지 몰라서 두리번거리다가 기사와 눈이 마주쳤다. 나를 바라보고 있었다. 왜 날 쳐다보나 의아해하고 있는데 기사가 큰 소리로 말했다.

"아줌마! 카드 안 찍혔어요! 다시 찍어요!"

소리에 온갖 짜증이 배어 있었다. 설마 나한테 하는 말인가 싶어 물었다.

"저, 저요?"

당황해서 되묻는데 이번 정류장에 버스를 탄 사람은 나 혼자뿐이라는 생각이 스쳐 지나갔다.

"그래요, 아줌마!! 요금 안 찍혔다고요!"

준비되지 못한 자에게 회사 밖 전장은 더 처절하다

크고 거친 목소리에 매우 당황했다. 마을버스 안에 있는 승객들 모두가 나를 쳐다보았다. 누군가는 나 때문에 버스가 늦게 출발해 짜증 난다는 표정이었고, 누군가는 재미있는 구경이라도 났나 싶은 호기심 가득한 눈빛이었다.

순간 상황을 빨리 모면해야겠다는 생각이 들었다. 얼른 뒤돌아가 카드를 다시 댔다. 카드를 결제기에 최대한 가까이 대니 띠릭―하는 소리가 들렸다.

"됐나요?"

기어들어가는 목소리로 기사에게 물으니 나를 한 번 쳐다보고는 대답도 안 하고 고개를 돌렸다. 드디어 된 것 같았다. '휴' 하고 속으로 안도의 숨을 내쉬었다.

자리를 찾아 앉았는데 힐끗힐끗 쳐다보는 사람들의 시선이 느껴졌다. 대각선 앞자리에 계신 할머니는 아예 내 쪽으로 몸을 돌리며 말씀하셨다.

"아주 바짝 붙여야 해."

도움 주시고 싶은 마음은 알겠지만 민망함은 내 몫이었다.

"아, 네."

마지못해 대답하고는 휴대폰을 꺼내 들었다. 도착하려면 세 정거장이나 가야 하는데 그 길이 너무 멀게 느껴졌다. 빨리 내리고 싶었다.

마을버스에서 내려 장을 보면서도 버스에서 있었던 일이 머릿속을 떠나지 않았다. 물건을 살 때 실수하면 어쩌나, 가게 주인이 나에게 소리를 지르면 어쩌나, 시장에서도 버스에서처럼 나도 모르는 사이에 실수를 할까 봐 걱정이 됐다. 주인이 계산을 끝내고 나서야 안심이 됐다. 중간에 멈칫하기라도 하면 내가 또 무슨 실수를 했나 싶어 가슴이 쿵쾅거렸다. 모든 일에 신경이 쓰였다. 따지고 보면 별일도 아닌데 소심해지고 기가 죽었다.

어떻게 쉰이 넘도록 마을버스 하나 제대로 타지 못할까? 나름의 이유는 있었다. 직장생활을 했던 30년 동안 나의 행동반경은 늘 일정하고 규칙적이었다. 대부분 집과 회사만을 오갔고 그 외 다른 곳은 출장지나 일 년에 한두 번 가는 휴가지가 고작이었다. 가까운 곳을 순회하는 마을버스는 나의 생활패턴과 맞지 않아 탈 일이 없었다.

그렇더라도 가끔 이용하던 버스와 마을버스가 비슷할 것이라고도 생각하지 못했다. 크기와 색상이 달라서 둘은 전혀 다른 것인 줄 알았다. 가끔 버스를 탈 때 지나가는 마을버스를 보며 작아서 귀엽다는 생각만 했었다. 언젠가 마을버스 안에서 창피를 당하리라고는 전혀 생각지도 못했다.

회사를 나오고 나니 바보가 된 것 같았다. 무슨 일이든 하려고 하면 머리부터 하얘졌다. 특히 외출만 하면 실수 연발이었다. 지하철을 반대 방향으로 타서 약속 시간에 늦는 일은 부지기수였고 갈아탈 버스를 착각하거나 도로를 넋 놓고 걷다가 자전거에 치일 뻔하기도 했다. 혼자 밥을 먹는 것도 고역이었다. 혼밥에 익숙하지 않아 식당 앞을 서성이다 배를 곯기 일쑤였고 겨우 식당 안에 들어가도 주변 눈치만 살피다 밥을 다 먹지 못하고 중간에 일어서는 일도 잦았다. 소소한 일에도 하루하루가 시행착오의 연속이었다. 일상적인 생활부터 다시 배워야 한다니 기가 찰 노릇이었다. 대기업 임원의 퇴직 후 모습은 유치원생과 다를 바 없었다.

회사 밖에서는 회사의 룰이 통하지 않았다. 누구나 공평하게 리셋되었다. 회사에서 당당했던 내 모습은 이미 사라진 지 오래였다. 내가 회사에서 일을 잘했던 이유가 능력이 아닌 익숙함의 결과라는 생각마저 들었다. 30년이나 비슷한 일을 했으면 잘해야 마땅한 것 같았다. 당당했던 자신감조차 잊게 만드는 회사 밖 현실에 위엄마저 느껴졌다.

아직 재직 중인 동료 임원들에게 말하고 싶다. 회사 밖은 회사 안과 완전히 다른 세상이라고. 임원으로 퇴직한 것이 회사 밖에서는 특별하지 않으니, 덜 헤매고 싶으면 회사 안에서부터 회사 밖 삶을 준비하라고.

야속함은

준비되지 않은 자의 몫

몇 주 전부터 은행에서 문자가 왔다. 모르는 번호로 전화도 자주 왔다. 받아보면 "○○은행입니다"라고 했다. 그때마다 내용도 확인하지 않고 바쁘다며 전화를 끊었다. 매해 이즈음 오는 마이너스통장 연장 안내일 게 뻔했기 때문이었다. 지금껏 전화 한 통이면 기한 연장이 가능했기에 '나중에 전화해야지'하고 대수롭지 않게 생각했다.

만기일이 다가와 은행 앱에 접속했다. 전화하기도 귀찮았다. 그런데 예상치 못한 메시지가 떴다.

'대출 연장 불가능.'

잠시 당황스러운 마음이 들었다. '왜 이러지?' 무얼 잘못했나 싶어 여러 번 시도해 봤지만, 여전히 같은 메시지가 떴다. 의아해하면서도 이 또한 가볍게 지나쳤다.

며칠 후 은행 상담원에게 전화가 왔다. 기한이 다 되어 마지못해 전화를 받았는데 상담원의 안내가 나를 당황하게 만들었다. 더는 기간 연장이 불가하니 상품 개설 지점에 직접 방문하여 가능 여부를 상담하라는 것이었다. 개설 지점이라면 집에서 차로 한 시간 반이나 가야 하는 거리였다.

이유는 내가 자격이 되지 않기 때문이라고 했다. 내가 사용하던 마이너스 대출 상품은 은행과 회사 간 제휴 상품이어서 회사를 나오는 즉시 자격을 잃는다고 했다. 설명을 듣는데 뭐 이런 경우가 다 있나 싶었다. 전혀 예상하지 못한 상황이라 피가 식는 느낌이었다.

"어떻게 하면 되나요?"

당당했던 나의 태도가 일순간 바뀌었다.

"메모 가능하세요?"

상담원이 불러주는 내용을 받아 적는데 마음이 착잡해졌다.

"그리고 다시 말씀드리지만, 연장이 안 되면 대출금은 모두 기한 전에 상환하셔야 합니다."

고급스러운 단어로 표현하고는 있지만, 결국 내용은 사용한 돈을 빨리 갚으라는 뜻이었다. 여러 차례 반복해서 들으려니 마음이 불편했다.

통화를 끊자 머리가 복잡해졌다. 오래전 간단한 송금을 했던 것을 제외하고는 은행에 갈 일이 없었기 때문에 이 상황을 어떻게 처리해야 할지 막막하게 느껴졌다. 일의 순서가 정리되지 않았다. 회사에 다닐 때는 훨씬 복잡한 업무도 척척 했건만, 생각할수록 뒤죽박죽 엉키는 느낌이었다.

'마이너스통장 연장이 안 되면 어쩌지? 그러면 안 되는데······.'

'그 많은 이체를 빠짐없이 잘할 수 있을까? 잔고를 미리 채워두어야 하나? 이러다 자칫 신용불량으로 이어지면 어떡하지?'

은행 상담을 받지도 않았는데 이미 기한 연장이 되지 않은 것처럼 걱정이 생기기 시작했다. 난생처음 해보는 고민에 머리가 터질 것만 같았다. 마이너스통장 없이 살아본 적이 없어 당황스러웠다. 수입이 예전보다 크게 줄어 새로운 루틴을 만드는 상황에서 만약을 대비한 여유가 없다면 힘들 것 같았다. 연체를 막기 위해 써야 하는 가계부도 스트레스로 느껴졌다.

티슈 위에 받아 적은 메모를 다시 보았다. 황급히 뽑아서인지 티슈의 귀퉁이가 찢겨 있었고, 글씨 또한 티슈의 결 때문에 중간중간 끊겨 있었다. 그 모습이 지금의 내 모습과 많이 닮았다는 생각을 했다. 그저 퇴직했을 뿐인데 당연하게 생각했던 일상이 하나둘씩 떨어져 나가는 것 같았다.

결국 나는 마이너스통장의 기간 연장을 하지 못했다. 은행을 직접 방문해 상담했지만, 내가 은행 창구에서 개설할 수 있는 상품은 아무것도 없었다.

"혹시 모르니 앱에서 해보세요. 가능한 상품이 있을지 몰라요"

그렇게 안내하는 은행 직원의 말이 차갑게 느껴졌다. 어릴 적 신규 통장을 만들어준 창구 직원과 수년 전 주택담보대출을 상담해준 대출계 직원의 태도와 사뭇 달랐다. 전혀 예상하지 못한 곳에서 나의 위치를 확인해 가는 것이 서글펐다. 확실히 세상은 나를 이전과 다른 관점으로 보고 있었다.

퇴직 후 내 삶이 도미노처럼 느껴졌다. 하나가 쓰러지면 뒤이은 조각들이 잇따라 넘어지는 파국의 게임. 퇴직한 후로 전혀 예측하지 못한 곳에서 암초를 만났다. 마이너스통장은 물론 대출, 연금, 보험, 검진 등 생활 전반적인 영역에서 기한 만료 후에 재계약을 하기 위해서는 추가적인 절차를 밟아야 했다. 하나같이 혜택이 없어지거나 자격이 주어지지 않는 공통점이 있어 여유가 사라진 퇴직자의 지갑을 더 팍팍하게 만들었다. 내가 이처럼 거미줄같이 촘촘한 사회망 속에 살고 있는지 처음 알았다. 모두가 퇴직 전에 구상했던 퇴직 후 삶에는 없던 그림들이었다. 당연하다 생각했으니 대비할 필요가 없었다.

준비되지 못한 자에게 회사 밖 전장은 더 처절하다

지금까지 직장인이라는 내 신분이 이 사회에서 보증서 역할을 한 것 같았다. 자랑스러운 대한민국 국민임을 증명하는 주민등록증보다 모 회사 소속이라는 사원증이 나를 더 강력히 지탱해 준 것 같았다. 그래서인지 회사 밖을 나오자 도대체 신뢰할 수 없는 정체불명 인간이 되고 말았다. 보이는 모습이 중요한 세상의 관점에서 나는 그들의 요구 기준을 충족하지 못하는 수준 미달의 존재일 뿐이었다. 스스로는 나를 설명할 방법이 없으니 사회와의 연결고리가 하나둘씩 끊어질 수밖에 없었다. 퇴직 후 내가 나에 대한 설명을 덧붙이지 않고 할 수 있는 일은 숨쉬기와 걷기뿐이었다.

그런데도 본격적으로 회사 밖 삶을 준비한 시간은 고작 1년, 30년 직장생활의 극히 일부에 지나지 않았다. 어떤 일을 할지 궁리하기도 턱없이 모자란 1년이라는 시간 동안 수면 아래의 요소들까지 계산할 수는 없었다. 뒤늦은 후회지만 일의 방향성만 결정하면 된다는 생각부터가 어리석었다. 일은 부분일 뿐, 내 삶을 이루는 전반적 요소들을 모두 시뮬레이션했어야 했다. 회사를 떠났을 때 어떤 상황을 맞닥뜨릴지 속속들이 들여다보아야 했다. 어찌 보면 내가 겪는 퇴직 후 시행착오는 당연했다. 또 언제 떠오를지 모르는 수면 아래 잔해들을 기다리느라 불안한

심정으로 살아가는 것 역시 준비되지 않은 자가 감당해야 할 몫
이다.

가볍게 떠나는 주말여행도 사전 조사를 하고 갖가지 계획을
세우는 법이다. 그런데 퇴직 혹은 은퇴 후 수십 년간 이어지는
인생 여정에 대한 계획은 왜 방관하는 사람들이 많을까? 아직
회사에 남아 있는 분들에게 이야기하고 싶다. 회사에 있는 동안,
회사 밖 삶의 청사진을 꼭 그려두라고.

'회사 밖 삶'을
어떻게 준비할 것인가?

Q. 직장인이 회사를 떠났을 때 겪는 어려움에 관한 이야기를 들을 때마다 미리미리 준비해야겠다고 마음먹지만, 막상 준비하자니 어떻게 해야 하는지 방법을 잘 모르겠습니다. 시간도 없고 당장 급하지도 않다는 생각에 자꾸 미루게 되는 것도 사실입니다. 어떻게 회사 밖 삶을 준비해야 할까요?

경아로운
생각

직장인은 살아가는 동안 두 번의 출발점을 맞게 됩니다. 첫 번째는 회사에 들어가는 순간, 두 번째는 회사 밖을 나가는 순간입니다. 여러 공통점이 있지만 특별히 저는 둘 사이의 차이점을 말하고 싶습니다. 두 번째 출발이 첫 번째 출발과 확연히 다른 점은 무엇일까요?

두 번째 출발부터는 울어도 관심을 가져주는 사람이 없습니다. 힘들고 아프다고 아무리 목 놓아 울어도 들어주는 사람이 없습니다. 심하게는 다른 곳에 가서 울라고 내몰지도 모르겠습니다. 결국 자신이 자신을 추스르는 방법 외엔 없습니다. 더 나아가 해결책을 물어도 가르쳐주는 사람 또한 없습니다. 어떻게 살아야 할지 가르쳐달라고 해도 속 시원히 대답해 주는 사람이 없습니다. 방법을 모르니 헤매는 것이 당연합니다. 이 또한 스스로 갈 길을 찾을 수밖에 없습니다. 가까스로 마음을 다잡고 길을 찾았다 해도 벼락치기는 통하지 않습니다. 시간을 담아야 합니다. 참고 견뎌낼 여유가 없다면, 마음이 힘들어질 수밖에 없습니다. 두 번째 삶이 고통스러운 이유가 이 때문입니다. 철저히 홀로서기를 하는 동안 고독이 쌓이고, 바라는 결과는 나오지 않으니 좌절하게 됩니다. 회사를 나오면 상황이 이렇듯 급반전되는데 회사 안에 있는 동안은 이를 실감하지 못합니다. 더러는 적응하지 못하는 그들의 탓이라고 치부하거나 나는 그들과 다를 것이라고 생각하기도 합니다. 하지만 그렇지 않습니다. 사회 구조적으로 개인이 회사 밖에서 독자생존 하기란 대단히 어렵습니다.

그렇다고 가만히 있을 수는 없습니다. 그중에서도 홀로
잘 살아남는 사람은 분명 있으니까요. 내가 그렇게 되지
말라는 법은 없습니다. 여기까지 어떻게 버텼는데, 마지
막에 빛은 봐야 하지 않겠습니까? 어떻게 하면 될까요?

제가 집중적으로 회사 밖 준비를 한 시간은 1년이었습
니다. 이전에도 관심 분야를 공부한 적은 있었지만 치밀
하지 못했습니다. 회사 일과 회사 밖 삶 준비를 병행하
기가 쉽지는 않았지만, 벼랑 끝에 몰린 심정으로 온 힘
을 다했습니다. 시간이 촉박하니 무리한 일정을 짜서 건
강에 탈이 나기도 했습니다.

다행히 방향은 정해져 있었습니다. 선택의 여지가 없었
으니까요. 저는 할 줄 아는 게 일밖에 없었습니다. 일을
활용한 직업 외엔 다른 길이 없었습니다. 남들이 한다는
여러 가지를 시도해 보긴 했지만 흥미도 재능도 없었습
니다. 공무원, 공인중개사, 미용사, 세무사, 미술치료사.
실제 제가 시험을 보았거나 공부를 시작했다가 도중에
포기한 직업들입니다. 다시 생각해도 그만두길 잘했다
는 생각이 듭니다.

한 가지 놀라운 것은 퇴직 후 저를 향한 사람들의 시선
이었습니다. 특별히 잘하는 것도 없는데 관심을 갖는 사
람들이 있었습니다. 전직을 알고 나면 먼저 다가오기도
했습니다. 간혹 더 실력 있는 분과 견주어 선택받기도
했습니다. 모두 제 이력 때문이었던 것 같습니다. 대기
업 임원을 지냈다는 저의 커리어가 회사 밖 사람들의
눈에 신기하게 보였을 테지요.

만약 제가 대기업 임원이 아니었으면 어땠을까요? 확신
하건대 퇴직 후 더 깊은 나락에서 출발했을 겁니다. 지
금처럼 제 이야기를 책으로 펼 기회도 없었을 테지요.
뒤늦게나마 임원을 하고 회사를 나온 게 천만다행이라
는 생각이 들었습니다. 악착같이 회사를 다닌 보람이 있
었습니다.

'절반의 성공.'

회사밖에 모르고 살아온 저에게 회사가 주는 마지막 선
물이었습니다.

지혜롭게 회사 밖 삶을 준비하기 위해서는 세 가지를 기억하셨으면 좋겠습니다.

첫째, 회사에서 얻을 수 있는 것은 최대한 얻어 내시길 바랍니다. 그것이 높은 직급이든 막강한 실력이든 폭넓은 관계이든 다 괜찮습니다. 탄탄히 쌓으셔서 회사 밖 삶의 밑천으로 활용하시길 바랍니다. 흔히 회사 밖 삶을 준비하려면 회사 일은 조금 소홀할 수밖에 없다고 생각합니다. 여력이 없으니 우선순위를 두어야 한다고 생각합니다. 하지만 회사 안과 회사 밖 삶은 완전히 분리돼 있지 않습니다. 전혀 다른 길을 간다면 모를까 직장에서 쌓은 노하우를 회사 밖 삶에 얼마든지 활용할 수 있습니다. 아니, 꼭 활용하셔야 합니다.

직장인이 퇴직 후 경쟁해야 하는 라이벌은 같은 직장인이 아닐 수 있습니다. 한때 직장인이었더라도 회사 밖 삶에 오래 몸담고 있어 여러모로 우위를 점하고 있는 경우가 대부분입니다. 회사 밖 삶에 경험이 전혀 없는 초짜가 이를 어떻게 이길 수 있을까요? 실력이 없어서가 아니라 살아온 경험치가 달라서 초반부터 쉽지 않은 싸움이 될 겁니다. 그들이 키우지 못한 부분의 장점이라도 가지고 있어야 합니다. 우리가 몸담고 있는 회사는 회사 밖 삶을 준비하는 좋은 재료가 될 수 있습니다. 최대한 끌어모으세요. 높은 직급은 후광이, 막강한 실력은 자신감이, 폭넓은 관계는 윤활유가 될 수 있습니다. 맨몸으로 싸우기보다 훨씬 수월할 겁니다.

둘째, 자기만의 주특기를 개발하시길 바랍니다. 많은 직장인이 회사를 떠나 자리를 잡지 못하는 이유가 주특기가 없기 때문입니다. 회사는 사람을 표준화시킵니다. 인력 활용도를 높이려면 직원을 올라운드 플레이어로 만들어야 하기 때문이죠. 제너럴 리스트라는 표현을 쓰기도 합니다. 말이 좋아 올라운드 플레이어 또는 제너럴 리스트이지 바꿔 말하면 특출나게 잘하는 게 없다는 뜻입니다. 누가 해도 된다면 굳이 당신을 선택할 이유가 없습니다. 실제로 세상에 제너럴 리스트는 차고 넘칩니다. 좋아하는 일이든 잘하는 일이든 나만의 주특기를 만드세요. 회사 밖에서는 철저히 스페셜리스트가 되어야 합니다.

셋째, 변화하는 세상의 물결에 올라 타시길 바랍니다. 키오스크 앞에서 주저하는 부장님, SNS 어려워하는 상무님을 만나면 어떤 생각이 드시나요? 남의 일이 아닙니다. 그분들도 한때는 세상의 변화에 선봉에 섰던 분들입니다. 세상은 참 빠르게 변합니다. 회사생활을 하다 보면 바깥 트렌드에 둔감해지게 됩니다. 최신 트렌드를 선도하지는 못해도 뒷걸음질은 치지 말아야 합니다. 의도적으로 새로운 문화를 접하는 기회를 만드시길 바랍니다. 보이는 만큼 행동하고 움직이는 만큼 얻게 되어 있습니다.

결론적으로 이것만큼은 자신있다는 나만의 특장점을 만드시길 바랍니다. 회사에서 얻을 수 있는 자원은 최대한 활용하시고 세상과도 보조를 맞추시길 바랍니다. 어느 곳이든 미리 준비하고 최선을 다하면 결과는 반드시 돌아옵니다. 회사 밖에서도 크게 이루실 당신을 응원합니다.

PART

3

준비는 끝났다.
'인생 2막'
오직 전진만이
있을 뿐

퇴직 임원의
재취업 도전기

모르는 번호로 전화가 왔다. 요사이 모르는 번호 대부분은 택배기사나 홍보 상담원이었다. 귀찮은 마음에 번호만 확인한 후 보고 있던 홈쇼핑 채널을 돌리는데 연이어 문자가 왔다. '별거 아니겠지' 하고 확인했는데 살짝 당황했다.

[상무님, 안녕하십니까? 저는 ○○헤드헌터 기업, ○○○ 대표입니다. 드릴 말씀이 있어 전화드렸습니다. 상황이 허락하시면 연락 부탁드리겠습니다.]

문자 내용은 간단했다. 읽는 순간 많은 생각이 들었다. '헤드헌터? 무슨 일이지?' 곧바로 리모컨을 내려놓고 답장을 했다.

[네. 안녕하세요? 제가 다른 용무 중이라 전화를 못 받았습

니다. 지금 통화 가능합니다.]

    통화 내용은 이러했다. 모 대기업에서 운영 중인 대형 쇼핑몰의 실적이 지지부진해서 오너가 대대적인 콘셉트 변경을 지시했고, 이에 맞는 적임자를 찾던 중 내가 최종 3인의 물망에 올라 그 기업이 나를 컨택해 달라는 요청을 했다는 것이었다.

    최대한 예의를 갖추며 공손하게 말하는 헤드헌터와 통화를 하니 지난날이 생각났다. 한창 잘 나가는 직장인 시절에는 다들 나를 이렇게 대했다. 내가 말하는 것은 다들 받아 적었고, 내 시선이 가는 곳은 다들 주목했다. 그 모습을 보며 자신이 회사에 없어서는 안 될 사람이라는 우쭐한 마음을 가졌다. 수개월이 지났기에 잊었다고 생각했는데 여전히 과거의 영광을 그리워하는 나를 발견했다.

    [며칠 생각해보아도 될까요?]

    짧게 대답한 후 깊은 생각에 빠졌다. 분명 새로운 제안을 받는다는 것은 기분 좋은 일이었다. 과거의 나였다면 이를 나에 대한 인정이라 생각하고 제의에 응하는 것과는 무관하게 신이 나서 떠벌렸을 것이다. 하지만 두려운 생각이 앞섰다.

    우선 나의 건강 상태가 좋지 않았다. 최근 앓았던 불면증이 잊을 만하면 다시 살아나 나를 무기력하게 만들었다. 신체 리듬이 깨진 탓인지 예상치 못했던 건강상의 문제도 수시로 발생해 매번 회복하는 데 애를 먹었다. 한마디로 신규 사업을 추진력 있게 끌고 갈 만한 몸 상태가 아니었다. 정신과 육체 무엇 하나 온전치 않아 언제든 과로로 쓰러질 수 있는 최악의 컨디션이었다.

그리고 또다시 겪게 될 헤어짐에 대한 두려움이 컸다. 조건이 맞아 근무하게 되어도 분명히 끝은 있을 것이다. 몇 년 후 다시 퇴사로 회사를 떠나며 느끼는 고통을 또 견뎌야 한다고 생각하니 가슴이 답답했다. 이제 겨우 편안히 지낼 수 있게 되었는데 다시 나락으로 떨어지고 싶지 않았다. 고통은 한 번이면 충분했다.

하지만 한편으로는 세상이 내민 손을 붙잡고 싶다는 생각이 들었다. 퇴직할 때 다시는 회사로 돌아가지 않겠다고 다짐했었다. 앞으로는 내가 하고 싶은 일을 하며 살겠다고 마음먹었다. 그러한 마음은 결별 당하지 않으려 먼저 헤어짐을 말하는 자의 다짐과 같았을까. 어느새 나도 모르게 헤드헌터에게 문자를 보내고 있었다.

[네. 해보겠습니다. 이력서 양식 메일로 보내주세요.]

이력서 제출 마감은 3일 뒤였다. 모든 크고 작은 할 일을 미루고 이력서 작성에 들어갔다. 과거에 내가 어떤 일을 했는지부터 무엇을 잘할 수 있는지까지 상대편의 선택을 받기 위해 머리를 짜냈다. 지금까지 쓴 어떤 이력서보다 더욱 꼼꼼히 그리고 정성스럽게 내용을 채웠다.

이력서를 쓰다 보니 선택 장애가 오는 것 같았다. 그간의 이력을 최대한 떠올려 A4용지 석 장 분량을 채웠건만 그중 무엇을 최종으로 기록해야 하는지 판단이 서질 않았다. 새로운 회사가 선호하는 역량에 맞추어 나를 최대한 부각해야 하는데, 지나치게 신중히 생각하다 보니 오히려 결정이 어려웠다. 그런 나에게 어떻게든 기회를 잡아보려는 처절함이 느껴졌다.

그런데 막상 이력서를 제출하고 나니 헤드헌터의 태도가 돌변했다. 내가 취업 의사가 없다고 했을 때는 적극적으로 설득하더니 이력서 제출 후에는 연락이 없었다. 내가 가장 유력한 대상이고 다시없을 기회라 말하던 초반의 태도가 무색했다. 이후에는 몇 차례 경과를 묻는 이도 나였고, 사업 자체를 재검토하게 되어 인원 선발이 백지화되었다는 대답도 내가 연락해서 듣게 되었다.

어쩌면 헤드헌터는 클라이언트에게 섭외력을 보여주고 싶었을지도 모른다. 나의 이력서를 요청한 기업의 인사담당자는 오너에게 적당한 인물을 취합하여 보고하는 것이 필요했을 수 있다. 결국 나는 그들을 위한 전시장의 상품에 지나지 않았다.

순간의 달콤한 유혹을 이기지 못해 다시 직장인의 삶으로 돌아가려 했던 내가 바보 같았다. 과거의 명성을 회복할 수 있을까 잠시 들떴던 내가 한심했다. 그 정도 했으면 됐다고, 더는 회사에 미련을 두지 않겠다고 몇 번이고 곱씹었던 다짐은 다 어디로 갔을까?

더는 직장인이 되기 위해 이력서는 쓰지 않을 것이다. 누군가의 선택을 바라며 진열대에 오르는 일도 다시는 하지 않을 것이다. 나의 재취업 도전은 이렇게 막을 내렸다.

'최고시급'이든 '최저시급'이든
김밥의 맛은 똑같다

  새로운 곳에서 일하게 되었다. 이따금 아랫배 통증이 느껴졌으나 견딜 만했다. 내가 출근한 곳은 강남의 한 면접 전문 학원이었다. 말로는 상담실장이라지만 학원으로 걸려 오는 문의 전화를 받고, 상담 예약을 잡아 고객에게 커리큘럼을 안내하고 청소와 비품 관리, 블로그 작성 등의 일을 하는, 말 그대로 상담 데스크 직원이었다.

  오래간만에 작성한 근로계약서의 제목은 '시간제 근로자 계약서'였다. 나의 급여는 국가가 정한 최저시급 수준이었고 계약서에는 내가 학원에 다니며 해야 하는 일 총 25가지, 하면 안 되는 일 총 20가지가 빼곡히 적혀있었다. 퇴직 전 마지막으로 작성했던 임원 계약서보다도 많은 분량이었다. 맨 하단에 사인을 하고 나니 만감이 교차했다.

학원에서 일하게 될 줄은 꿈에도 생각하지 못했다. 시작은 일주일 전 면접 강사가 되기 위해 면접을 본 학원의 강사에게 걸려 온 전화에서 비롯되었다. 학원에서 강의는 물론 내부 살림을 도맡아 하는 부원장급의 사람이었다.

"면접 강의 준비는 잘하고 계시죠? 수업이 언제 배정될지 모르니 준비 잘하시고요. 그리고 혹시 저희 상담 데스크 직원이 갑자기 나가게 되어서 그러는데 근무하실 수 있으세요?"

뜻밖의 제안에 당황했다. 갑자기 나가게 된 데스크 직원이라면, 내가 강사 면접을 보던 날 급한 일이 생겼다며 면접 직전에 펑크를 낸 대표를 대신해 나에게 몇 가지 질문을 한 그 직원인 듯했다.

"상담 데스크요?"

말이 나가는 순간 나도 모르게 대형 판매시설의 고객센터가 생각났다.

"네. 하루에 6시간 교대로 근무하실 거고요. 괜찮으시면 다음 주부터 나오시면 되세요."

내 대답은 듣지도 않고 일정부터 잡는 것을 보니 꽤 급한 모양이었다.

"생각해 보고 내일까지 말씀드리겠습니다."

짧게 대답하고 통화를 마쳤다. 전화를 끊고 깊이 고민하기 시작했다. 우선은 내 몸이 견뎌줄지가 걱정이었다. 하복부에 큰 수술을 마치고 한동안 누워지낸 터라 기력이 많이 떨어져서 조금만 서 있어도 다리가 후들거렸다. 뱃심도 약해져 큰 목소리가 나오지 않았고, 왜인지 팔 힘도 없어져서 음식을 담은 냄비를 옮기기에도 힘에 부쳤다. 당장 좋은 기회가 주어져도 포기해야 할 만큼 내 체력은 정상이 아니었다.

나의 자존심도 문제였다. '대기업 임원 출신이 계약직 상담원을 한다고?' '사람들이 알면 뭐라 그러겠어?' '꼭 이렇게까지 해야 해?' 부정적인 생각이 끊이지 않았다. 퇴직 후 꽤 많은 시간이 지났는데도 여전히 주변의 시선을 의식하는 내 모습이 한심했다. 모두가 부러워하는 모습으로 당당히 서고 싶었는데 초장부터 삐걱거리는 기분이었다.

하지만 답은 정해져 있었다. 세상을 향해 무조건 나아가야 했다. 건강이 걱정이라면 더욱 규칙적인 일상을 유지해야 하고, 타인의 시선이 부담이라면 더 큰 노력으로 하루빨리 상황을 바꾸면 되는 일이다. 과한 염려를 하느라 언제까지 혼자 지내며 전전긍긍할 수는 없는 노릇이었다. 일단 첫발을 떼면 또 다른 길도

보일 것 같았다. 사람들과 더불어 지내면서 얻게 될 새로운 활력도 긍정의 에너지를 만드는 데 도움이 될 듯했다. 막상 마음을 먹고 나니까 홀가분했다. 오랜 시간 부엌 벽장에 넣어둔 영양제를 꺼내 먹으며 힘을 내리라 다짐했다.

첫 출근을 하려니 긴장됐다. 다시 신입사원이 된 기분이었다. 전날 자기 전에 출근 복장도 미리 챙겨 두고 늦지 않으려 일찍 집을 나선 덕에 근무 시간 20분 전에 학원에 도착했다. 바로 일을 시작한 후로는 할 일이 많아 정신이 없었다. 계약서에 명시된 일 외에도 냉장고에 음료수를 채우고 얼룩진 현관문을 닦고 강의실 정리를 하는 등 수시로 처리해야 하는 현장 업무가 꽤 많았다. 전화까지 받으며 동시에 하려니 몸이 열 개라도 모자랄 판이었다. 출근한 지 얼마 지나지도 않았는데 힘이 빠지기 시작했다.

"쌤, 식사하세요."

전화기를 든 손이 떨리던 찰나, 함께 근무하는 직원이 점심을 먹자고 했다. 수년째 근무하는 직원이었다. 오라는 사무실에 들어가 보니 도시락 두 개가 놓여 있었다. 한눈에 보기에도 메뉴가 달랐다. 커다란 사각 투명 뚜껑을 통해 보이는 도시락 하나는 돈가스였고, 그 옆에 덩그러니 놓인 나머지 하나는 김밥이었다. 잘

못 배달됐나 싶어 잠시 머뭇거리고 있는데, 직원이 돈가스 도시락을 자기 앞으로 끌어당기며 뚜껑을 열었다.

"같은 걸로 시키지……."

누구에게 하는 말인지는 알 수 없지만 당장은 나 들으라고 하는 말 같았다. 남은 김밥 도시락을 내 앞쪽으로 끌어당기는데 마음이 쓸쓸했다. 사람에 따라 달리 차려지는 점심상이 놀랍기만 했다. 하지만 세상 밖 룰이라면 익숙해져야겠다고 생각했다. 한 알을 입에 넣는데 회사 다닐 적 마라톤 회의를 하며 즐겨 먹던 김밥이 생각났다.

'좋게 생각하자!' 바쁜 직장인의 상징과도 같았던 김밥이 두 번째 출발의 힘찬 서막을 알리는 신호라 여기기로 마음먹었다.

다행히 첫 출근 점수는 나쁘지 않았다. 걸려 오는 전화의 대응 멘트에서 상호를 실수하지 않았고, 고객의 질문에도 매뉴얼대로 답했다. 일과의 끝으로 화장실 휴지를 외부 쓰레기장에 갖다 버린 후 대표에게 일일 업무 보고를 하고 나자 뿌듯한 생각마저 들었다.

드디어 두 번째 세상에 첫발을 내디뎠다. 어떤 모습인지는 중요하지 않았다. 한글도 다 떼지 못하고 초등학교에 입학했을 때도, 대학 졸업 후에 회사의 주목을 받지 못하는 사원으로 입사했을 때도 내 모습은 보잘것없었다. 그런데도 특유의 기질로 달려오는 동안 경력이 만들어졌고 보상과 인정이 쌓여갔다.

시작이 좋아야 끝도 좋다고 누가 말하는가? 시작의 모습은 중요하지 않다. 시작은 시작만으로도 이미 의미가 있다.

열정을 배신당하면
강하게 분노하라

신규 스타트업에 참여 제안을 받았다. 주요 아이템만 정해진 패션용품 판매 사업으로 내가 맡을 역할은 디자인과 마케팅을 책임지는 기획이사였다.

제안을 별 고민 없이 수락했던 이유는 사업이 시작 단계였기 때문이었다. 틀이 갖추어진 조직이 아니라 오픈 멤버로 참여해 노력하는 만큼 결과를 얻을 수 있다는 점이 마음에 들었다. 새로운 분야를 개척해 나가는 일은 언제나 신나는 일이다. 함께 할 멤버들과 결의를 다지고 일을 시작했다.

브랜드 콘셉트부터 네이밍, 패키지 디자인 등 제품 판매에 필요한 전 과정을 진행하려니 시간이 모자랄 지경이었다. 출시일을 정해두고 일정 관리를 하기 위해서 밤샘 작업도 해야 했다. 잠시 현업에서 손을 놓고 있었다 해도 하다 보니 속도와 감도가 붙었다. 내 회사라는 생각으로 상황 가리지 않고 최선을 다해 업무를 진행했다. 하루라도 빨리 외형을 키워 다른 카테고리로도 사업을 다각화한다는 원대한 포부도 가졌다.

모두가 혼신의 힘을 쏟는 가운데 예상치 못한 어려움이 발생했다. 합류하기로 했던 영업이사가 개인적인 사정으로 중도에 하차하게 된 것이다. 초도 물량이 생산되어 본격적인 판매만 남은 시점에 상황이 난감해졌다. 시간은 흘러가는데 탈출구가 보이지 않으니 답답한 생각이 들었다. 남은 멤버 모두가 대표에게 영업직 채용을 건의했지만 제대로 이루어지지 않았다. 마땅한 대안이 없다면 사업 자체가 백지화될 수도 있어 애가 탔다.

그러던 중 연말이 다되어 내년도 계획을 작성하고 있는데 갑자기 대표가 잠깐 보자고 했다. 오라는 회의실로 들어가니 평소와 다른 분위기로 나를 맞았다. 이야기는 내가 먼저 꺼냈다.

"어떻게 하실 생각이세요?"

나의 질문에 대표가 대답했다.

"그것보다……."

대표는 말을 돌리더니 갑자기 이제 그만 나가라고 했다. 듣는

데 순간 꿈인가 싶었다. 마음의 준비를 할 새도 없이 나가라는 통지를 받고 나니 어안이 벙벙해졌다.

"나가라고요? 언제요?"

혹시 잘못 들었나 싶어 다시 물으니 "시간 끌 거 있나요? 빠를수록 좋지요"라고 대답했다. 눈도 마주치지 않는 심각한 목소리가 이미 결정을 내린 듯했다.

잠시 후 대표가 무엇인가를 꺼내 책상 위에 올려놓았다. 언뜻 보니 지폐가 담긴 듯한 흰색 봉투였다.

"말씀하신 금액을 넣었습니다."

본인의 이야기를 마친 후 봉투를 꺼내는 것을 보아 나를 만나기 전에 모든 준비를 마친 것 같았다. 대표가 말한 '말씀하신 금액'이라면 내가 연말까지만 한시적으로 받기로 합의한 교통비 수준의 보수였다. 세어보지는 않았지만, 봉투의 부피와 대표의 말을 종합해 봤을 때 내가 생각하는 금액이 맞을 것 같았다. 나가라는 말보다 더 황당했다.

사업 초기, 업무를 시작하기에 앞서 대표가 어느 정도의 급여를 원하는지를 내게 물었다. 어차피 오래도록 함께할 구성원인데 출시 전 준비단계에서 비용이 많이 들어갈 것을 뻔히 알면서 내 배를 채우고 싶지 않았다. 그때 내가 내세운 조건이 매달 교통비 수준의 금액이었다. 생각지도 못한 좋은 조건을 약속하는 대표의 제안은 모두 연초로 미뤘다. 그런 나를 고마워한 것이 엊그제였는데 새해가 되기 직전에 본인의 다른 약속들은 쏙 빼고 내가 말한 금액만을 주면서 계산이 끝났다는 식으로 말하는 태도가 어이없었다.

이 상황을 어떻게 풀어야 할지 머리가 복잡해졌다. 대표가 건넨 봉투를 받고 나가면 영영 끝일 것 같았다. 잠시 고민 끝에 나의 의견을 대표에게 말했다. 함께하는 것을 원치 않으면 따르겠으나, 급여는 대표가 한 약속 때문에라도 다시 생각해주길 바라며 이에 대해서는 추후 연락을 달라고. 그리고 곧바로 회의실을 나와 집으로 향했다.

그 후, 한 달이 지나도 대표에게 연락이 없었다. 어쩔 수 없이 메시지를 보내니 뜻밖의 대답이 돌아왔다.

"그때 돈 안 받기로 한 거 아니었어요? 저는 저 쓰라고 주시고 간 줄 알았어요."

정말 기가 막혔다. 대표의 그 말을 시작으로 상황은 악화 국면으로 접어들었다. 누구 말이 맞는지부터 따져가며 점점 감정 싸움으로 번지다가 결국 얼굴을 붉히면서 상황이 마무리되었다. 나와 대표, 모두에게 상처를 남긴 쓰디쓴 결말이었다.

직장인 특히 큰 기업에서 일했던 이력이 있을수록 퇴직 후 회사를 떠나면 누군가를 위한 일회용 소모품이 되기 쉽다. 그가 몸 담았던 기업과의 파트너십을 희망하는 누군가에게, 아이디어는 있으나 사업은 엄두를 내지 못하는 누군가에게 대기업 퇴직자는 분명 매력적인 존재다. 하지만 안타깝게도 그들이 원하는 것은 퇴직자가 가진 역량이 아니라 속칭 퇴직자의 껍데기일 가능성이 높다. 퇴직한 선배들이 열렬한 환영을 받으며 재취업에 성공했다는 소식을 듣고 얼마 지나지 않아 그만두었다는 씁쓸한 이야기를 전해 들은 적이 한두 번이 아니었다.

달콤한 유혹일수록 더 따져 보아야 했다. 세상은 직장생활만 오래 한 반쪽짜리 퇴직자에게 과분한 처우를 해줄 만큼 너그러운 곳이 아니었다. 나는 다를 것이라고 생각했는데 나 역시 다르지 않았다. 그렇다면 결론은 하나였다. 힘. 살아남으려면 힘을 키워야 했다. 회사 안 삶과 회사 밖 삶에 예외 없이 적용되는 유일한 공통점이었다.

다시 일어서는 힘은

언제나 내 안에

아침에 일어나보니 휴대폰에 메시지가 와있었다.

[선생님. 저예요. 감사합니다.]

민준이었다. 혹시나 하고 달력을 보니 스승의 날이었다. 눈물이 핑 돌았다.

한 해 전 구청에서 주관하는 교육사업에 멘토로 지원한 적이 있었다. 취약계층 청소년 대상 멘토링 프로그램에서 1:1로 매칭된 멘티를 교육하는 일이 그 역할이었다. 회사에 다닐 때 청소년

결연 캠프에 참여해 본 경험도 있고 개인적으로 자라나는 미래 세대에게 관심이 많은 터라 주저하지 않고 이력서를 냈다. 합격 후 수일 동안 교육을 받으며 멘티와 만날 준비를 했다. 내가 맡은 분야는 진로였다. 세상에 어떤 직업이 있는지 알아보고 그 꿈을 이루는 데 필요한 준비를 함께하는 과정이었다.

그렇게 민준이를 만났다. 아버지와 단둘이 사는 중학생 남자 아이였다. 민준이는 아버지가 일을 나가고 나면 대부분의 시간을 돌봄교실에서 보냈다. 아버지께 연락을 드리니 걱정이 많으셨다. 잘 챙겨주지 못해 늘 미안하다는 말씀을 하시는데 내 마음도 아팠다.

첫 수업은 휴대폰 화상통화로 이루어졌다. 얼굴을 볼 거라고 기대했던 내 생각과는 달리 민준이는 수업이 끝날 때까지 카메라로 천장만 비추었다. 묻는 말에 대답도 잘 하지 않았다. 어떤 모습인지 궁금도 하고 답답한 마음도 있었지만 내색하지 않았다. 마음이 열리면 말하지 않아도 스스로 다가올 것이라 믿었다. 게임을 좋아해 개발자가 되고 싶다는 민준이를 위해 주말마다 서점에 가서 자료를 찾고 관련 서적을 구입했다. 용어가 낯설어 눈에 들어오지 않았지만 어떻게든 도움을 주고 싶었다.

시간이 지날수록 민준이와 가까워지고 있음이 느껴졌다. 수업 시간에 맞춰 연락하면 밥을 먹다가도 전화를 받았다. 우적우

적 음식을 씹으면서 질문에 대답하는 폼이 여간 귀엽지 않았다. 가끔은 궁금한 점을 먼저 묻기도 했다. 질문의 범위도 게임에서 코딩으로, 영상 편집으로 점차 다양해졌다. 모든 질문에 척척 대답하는 내가 신기하다는 민준이는 나를 만나기 전에 궁금한 사항을 미리 메모해두기도 했고 수업이 없는 날은 전화로 질문을 하기도 했다. 우리 사이의 벽은 차츰 허물어지고 있었다.

민준이와 가까워지는 데는 그간의 노력이 한몫했다. 퇴직 후 집에서 쉬어 본 기억이 별로 없었다. 컨디션만 괜찮으면 하나라도 더 배우기 위해 학원을 찾아다녔다. 내일배움카드도 진작 신청해 언제든 쓸 수 있도록 준비했고, 평소 관심이 있던 과정을 검색해 다음 수업 일정을 채워 나갔다. 30년 직장생활만으로는 두 번째 인생을 출발하기에 경험이 부족하다고 생각해서 해온 노력이 의외의 곳에서 빛을 발했다.

하지만 아쉽게도 1년 후 멘토링 기간이 종료되어 더는 민준이를 만나지 못하게 됐다. 카페에서 음료수를 마시며 마지막 수업이라고 말하는데 코끝이 찡했다. 내 마음을 모르는지 민준이는 연신 밝게 웃었다. 내 말에 "예"라고만 짧게 대답했다. 그러던 민준이었는데 다음 해 스승의 날이 되자 메시지를 보낸 것이었다.

나를 성장시키는 동력은 회사가 유일하다고 생각했다. 그래서 수십 년을 회사에만 정성을 쏟았다. 유일한 동력이 멈출까 두려워 지키려는 마음에 점점 강력한 버전으로 교체해 갔다. 오직 회사의 인정만이 내가 사는 힘이 되었고 회사의 평가로 내 가치를 측정했다. 퇴직 후 극심한 상실감에 시달린 원인이기도 했다.

이러한 생각은 민준이를 통해 깨졌다. 아무리 힘든 상황에서도 민준이와의 수업은 거른 적이 없었다. 철저한 수업 준비는 물론 늘 밝은 얼굴로 민준이를 대하기 위해 노력했다. 민준이가 전보다 성장했음을 느끼면 더 열심히 해야겠다고 다짐했다. 동시에 드는 뿌듯함은 위안이 됐고 힘이 났다. 그러는 사이 서서히 내가 회복되고 있음이 느껴졌다. 회사 없이도 살아가는 내가 신기했다.

무엇이 나를 다시 일어서게 했을까? 그것은 바로 나 자신이었다. 이제껏 나를 더 성장시키기 위해 특정한 대상에 의미를 두며 살아왔다. 마치 성적표처럼 그 결괏값으로 나의 성장 정도를 판단했다. 그중 하나가 회사였다. 회사의 인정을 통해 내가 열심히 살고 있는지를 가늠했다. 오랜 시간이 지나며 목적이 변질되고 균형이 깨졌지만, 확실히 시작은 나로부터 출발했다. 내가 나를 평가하는 도구로 회사를 선택한 거였다. 회사는 내게 어떠한 강요도 하지 않았다. 그런 생각이 들자 마음이 편안해지기 시작했다. 생명줄이 끊긴 것 같아 괴로웠는데 다시 일어설 용기가 생졌다. 놓치지 않아야 하는 것은 균형이었다. 한 곳에만 과중한 의미를 두었을 때의 고통을 다시 경험하지 않으려면 이후로는 삶의 균형을 유지하는 것이 무엇보다 중요했다.

오래전 지점장 시절이 생각났다. 당시 연세가 있는 사원분께 서 나에게 진정한 노블레스 오블리주를 실천하는 리더라는 말을 해주신 적이 있었다. 칭찬처럼 들려 감사하다고 답하고 의미를 곱씹어 보았다. 분명 내게 어울리는 말은 아니었다. 내 처지와 비교하면 과분한 표현이었다. 얼마나 부끄럽던지, 언젠가 삶에 여유가 생기면 그렇게 살아야지 다짐했는데 때가 온 것 같았다.

이후의 인생에서는 주변을 돌아보아야겠다고 결심했다. 내 손길을 필요로 하는 곳이면 상황이 허락하는 한 함께 나누어야 겠다고 생각했다. 다시 시작한 인생 2막에서는 일에 지나치게 몰두해 균형을 잃고 또다시 늦은 후회를 하지 않도록 특별히 나 와 내 주위를 챙겨보기로 마음 먹었다. 나로 인해 누군가가 행복 하다는 상상만으로도 가슴이 벅차 오른다.

이제야 비로소 온전한 삶을 완성해가는 기분이다. 나를 다시 일어서게 하는 힘은 언제나 내 안에 있다.

회사의
압박에 대한 대처법

Q. 20년 차 직장인입니다. 저성과자에 대한 회사의 평가는 점점 가혹해지는데 후배들은 밑에서 치고 올라와 설 자리가 날로 줄어드는 기분입니다. 가까운 선배 중에도 저성과자 평가로 자리에서 밀려난 사람이 있고, 그런 상황이 남 일 같지만 않아 마음이 무겁습니다. 조여오는 회사의 압박, 어떻게 대처하면 좋을까요?

경아로운 생각

대답은 분명합니다. 이제부터 회사에 대한 장밋빛 기대는 접으시길 바랍니다. 당신은 조만간 무명 직장인으로서 직장생활의 끝을 맞이하게 될 것입니다. 이미 주사위는 던져졌습니다. 회사에서 당신에 대한 이미지는 굳어졌을 테고 쉽게 바뀌지 않을 것입니다.

직장인 20년 차는 직장생활의 절정기입니다. 적당한 직급에 올라 입사 후 가장 편안한 여유를 즐길 시기입니다. 너무 안락한 나머지 압박을 인지하고도 대응할 생각을 미루거나 혹시 더 올라갈 수 있지 않을까 하는 낙관적 기대를 하기도 합니다. 하지만 이미 압박을 감지하셨다면 그럴 가능성은 희박합니다. 그사이 당신에 대한 회사의 평가만 굳어질 뿐입니다.

느껴지는 압박 방식은 중요하지 않습니다. 일단 감지했다면 더는 뒤돌아보지 마세요. 그러는 사이 시간만 흘러갑니다. 이해가 안 된다면 연애할 적에 상대방이 당신에게 이별을 고했던 경험을 떠올려 보시길 바랍니다. 붙잡는다고 떠나지 않던가요? 간신히 마음을 돌려 조금 더 만난다 한들 행복하던가요? 더 크게 후회하지 않으려면 지금 당장 준비를 시작해야 합니다.

경아로운 경험

저는 회사의 압박을 퇴직 1년 전에 받았습니다. 이전까지 승승장구하여 최소 몇 년은 더 일할 수 있으리라 생각했는데 갑작스럽게 압박을 받게 되어 충격이 컸습니다. 한마디로 양 날개가 꺾인 느낌이었지요.

간신히 추스르고 퇴직 후 삶을 준비하기 시작했습니다. 수면시간을 최대한 줄이고 평일 저녁과 주말을 이용해 학원과 인터넷 강의, 사이버 대학 강의를 수강했습니다. 덕분에 퇴직 시점까지 민간 자격증 5개를 취득해 나름 자신감을 얻었습니다.

누구보다 당당하게 회사와 이별했지만, 퇴직 후에 상당한 시행착오를 거쳐야 했습니다. 쇼핑하듯 쓸어 담은 자격증은 원하는 직업을 갖는 데 아무런 소용이 없었고 회사 일만 할 줄 아는 저를 받아주는 곳도 없었습니다. 저는 무엇이든 제가 도전하면 다 될 줄 알았습니다. 경험에 이론을 더한 대기업 30년 차 직장인에게 세상이 먼저 손 내밀거라 생각했습니다. 전부 착각이었습니다. 회사 밖은 무엇을 상상하든, 그 이상이었습니다.

뒤늦게 후회가 되었습니다. 더 일찍 준비하지 못했다는 아쉬움이 컸습니다. 하지만 소용없었습니다. 충분치 못한 준비가 낳은 방황은 오롯이 제 몫이었습니다. 1년 뒤 밀려날 거라는 회사의 압박에 대한 제 판단이 빗나가지 않았음은 두말할 나위 없었습니다. 끝내 이변은 존재하지 않았습니다.

회사의 압박에 대처하기 위해서는 다음 세 가지를 기억하셔야 합니다.

첫째, 무엇보다 '강한 의지'가 중요합니다. 대대수 직장인이 미래를 준비하려 해도 시간이 없다고 말합니다. 이는 아직 절박하지 않기 때문입니다. 간단한 체험을 제안합니다. 당장 한 달 생활비를 현재의 1/3로 줄이고 업무 외 연락과 약속을 모두 끊어 보세요. 그로 인해 궁핍과 고독을 느끼셨다면 거기에 백 배 이상의 고통을 곱해 보세요. 사회적 고립감, 건강 악화 등 퇴직자만 느끼는 다른 불행 요인을 계산해야 하니까요. 그때 느껴지는 감정이 준비 없는 퇴직 이후 당신이 마주할 현실입니다. 체감하시는 만큼 의지가 생길 겁니다. 앞서 퇴직해 아직 자리를 잡지 못한 선배들의 삶을 들여다보는 것도 도움이 되겠네요.

둘째, '속도 조절'이 필요합니다. 빨리하는 것보다 꾸준히 규칙적으로 하는 것이 중요합니다. 외부 압박을 받으면 마음이 조급해져 무리수를 두게 됩니다. 이는 사람을 쉬이 지치게 만들어 일을 그르치는 원인이 됩니다. 목표를 정했다면 시간 안배를 한 후 차근차근 준비하시기 바랍니다. 그래야 어렵게 다잡은 의지가 꺾이지 않고 단계적으로 계획한 바를 이룰 수 있습니다.

셋째, '다양한 방향'을 모색하시길 바랍니다. 우물 안 개구리에게는 하늘의 크기가 한 뼘이듯 직장인으로서 구상할 수 있는 진로 계획에는 한계가 있습니다. 폭넓은 서칭은 최상의 방향을 결정하는 데 필수적입니다. 최대한 발품을 팔아 가능한 많은 선택지를 확보하시길 바랍니다. 퇴직 후 불안정한 수입은 새로운 출발에 부담이 되어 중도 포기를 부르거나 도전 자체를 어렵게 만듭니다. 퇴직 후 시간을 낭비하지 않기 위해서라도 재직 기간을 충분히 활용해야 합니다. 가능하다면 미리 테스트 해보는 것도 좋습니다. 당신의 계획이 첫 시도에 성공할 가능성은 거의 없으니 처음부터 잘하겠다는 생각은 버리시길 바랍니다. 어차피 해야 하는 실수, 회사에 다니는 동안 한다고 생각하세요. 일단 시작하면 길이 보일 겁니다. 우선은 시작이 중요합니다.

준비하실 때 회사는 눈치채지 못해야 합니다. 자기 길 찾는다고 딴생각하는 구성원을 환영할 조직은 없으니까요. 들켰다가 자칫 압박의 물결이 더 거세질 수 있으

니 유의하시기 바랍니다. 그러니 절대 회사 일도 놓아서
는 안 됩니다.

결론적으로 평생 사는 데 지장 없을 만큼 여유가 있으
신가요? 아니면 형편대로 살아도 스트레스 안 받을 자
신이 있으신가요? 그게 아니라면 지금 당장 시작하세
요. 20년 차라면 퇴직 압박을 받지 않는다 하더라도 준
비를 해야 하는 시기입니다. 성공적인 앞날을 위해 속도
와 방향을 견인해 갈 의지부터 굳건히 다지시길 바랍니
다. 시간이 얼마 남지 않았습니다.

아나운서 옆에

아나운서 지망생

이른 아침 출판사 대표님에게 전화가 왔다. 한 대학 평생교육원에서 내 연락처를 알려달라는 메일을 받았다고 했다. 섭외 요청인 듯하다며 연락처를 알려주어도 되는지를 물었다.

"축하드려요." 앞에 질문은 그냥 형식인 것 같았다. 축하한다는 말속에는 당연히 내가 섭외를 수락해야 한다는 의미가 담긴 듯했다.

기분이 좋으면서 한편으로 걱정이 됐다. 대학 이름에서 오는 중압감이기도 했다. 일단 괜찮다고 대답했다. 나머지는 자세한 내용을 들어보고 결정하면 될 일이었다. 얼마 후 담당 피디라는 사람에게 연락이 왔다. 내가 쓴 책을 재미있게 읽었다며 직장생활 노하우에 대한 강의를 요청한다고 말했다. 그리고 강의 영상이 게재될 사이트와 타깃, 조건 등을 설명했다. 생각해보겠다 답하고 알려준 사이트를 확인해 보았다. 순간 헉하고 숨이 멎었다. 각계의 영향력 있는 명강사들이 홈페이지 첫 면에 자리하고 있었다. 가슴이 뛰었다. 내 강의 영상이 그 옆에 함께 게시된다고 생각하니 흥분이 됐다. 이미 내가 유명한 스타 강사가 된 것 같았다.

하지만 기쁨은 잠시, 곧바로 고민하기 시작했다. 잘 할 수 있을지 걱정이 됐다. 내용 구성은 자신 있는데 문제는 말하기였다. 2시간 분량의 영상을 촬영해야 하는데 아직 나는 말하기 체력이 부족했다. 특히 카메라 앞에만 서면 기억력이 둔해지고 세포 끝까지 힘이 들어갔다. 나의 영상을 스스로 모니터해보면 부자연스럽기 이를 데 없었다. 내 강의를 직접 들은 사람들은 SNS에 올라온 영상을 보고 실제가 훨씬 낫다는 말을 많이 했다. 이번에 제안이 들어온 강의가 촬영되어 두고두고 남겨진다면 나의 흑역사가 될 것이 뻔했다.

사회를 맡은 아나운서도 부담이었다. 내 강의를 토크 형식으로 리드할 아나운서는 이름만 대면 모두가 아는 국내 최고의 여자 아나운서였다. 평소 소신 있는 행동과 명쾌한 말솜씨에 호감을 가지고 있던 탓에 더 기가 눌렸다. 아나운서 옆에서 내가 떨지 않고 잘 할 수 있을지 걱정이 됐다. 나의 어릴 적 꿈도 아나운 서였던 터라 내가 못다 한 꿈을 이룬 사람 옆에 가는 것만으로 도 위축됐다.

그러다 아차 싶었다. 얼마나 기다렸던 순간인데 걱정부터 하는 내가 한심했다. 퇴직 후 첫 계획으로 책을 출간하여 수백 곳 도서관과 기업체에 보낸 목적이 모두 이러한 순간을 위해서였다. 이 좋은 기회를 두려움 때문에 포기한다면 평생 후회할 것 같았다. 무엇보다 그것은 나 자신과의 싸움에서 지는 일이었다. 고민을 접고 곧바로 제의를 수락했다. 만족스러운 결과를 얻기 위해 밤을 새워가며 연습에 연습을 거듭했다.

약속한 날이 되어 촬영장에 도착하니 조명은 물론 무대, 케이터링까지 부족함 없이 세팅되어 있었다. 그렇지 않아도 긴장되는데 그 장면을 보니 마음이 더 무거워졌다. 처음 인사를 나누는 피디와 작가도 나의 부담을 더했다. 모두 대한민국에서 내로라하는 사람들이었다. 촬영 시각에 맞춰 도착한 아나운서를 실제로 보았을 때는 숨이 멎는 것 같았다. 어떻게 행동해야 할지 서있는 것조차도 어색하게 느껴졌다.

우려와는 달리 나는 빠르게 적응했다. 촬영을 시작하자마자 통으로 외웠던 내용이 생각나지 않아 프롬프터의 도움을 받아

야 했지만 자연스럽다는 스텝들의 칭찬이 있었다. 작업 중반부
터는 필요한 대목에서 패널들과 눈을 맞추며 분위기를 편안하
게 이끌었고 막바지로 갈수록 문장마다 감정까지 담아가며 강
의의 완성도를 높였다.

촬영이 끝나고 스튜디오를 나오니 맥이 풀렸다. 무사히 마무
리했기에 느낄 수 있는 기분 좋은 피로감이었다. 분명한 것은 내
가 한 단계 더 성장했다는 사실이었다. 나는 도전했고, 이를 통
해 자랑스러운 이력을 또 하나 추가했다. 촬영 후반 무렵에 들었
던 아나운서의 칭찬도 기분 좋았다.

"똑순이 같으세요."

현직 아나운서가 한때 아나운서 지망생에게 받은 이미지는
똘똘함이었나보다. 유명 아나운서와 어깨를 나란히 했던 하루.
그날 나는 적어도 나에게 있어서는 아나운서에 버금가는 사람
이었다. 어릴 적 꿈을 이룬 느낌이 들었다.

책을 출간하고 그럭저럭 큰 강의를 맡기까지 1년이 걸렸다.
멈추지 않는 끈질긴 근성이 이룬 결과였다. 평생을 나는 습관처
럼 새로운 일을 시도했다. 가만히 있으면 변화하는 세상의 속도
에 밀려 퇴보한다는 생각으로 어제와 다른 무언가를 찾아 도전
하는 데 힘을 쏟았다. 그 과정에서 내가 가진 뜻밖의 소질들을

발견할 때가 많았다. 어쩌면 사장됐을지도 모를 새로운 재능을 발견할 때마다 자신감이 더해졌고 기회가 생겼다. 무엇보다 남보다 많은 도전은 남보다 많은 성공으로 이어졌다. 매번 이루지는 못했지만, 도전에 비례해 결과가 따라왔고 결과에 대한 성취감은 또 다른 도전으로 이어졌다. 그리고 그 끝에 나는 성공한 직장인이 되었다.

생각해보면 여기에는 시간이 필요했다. 깨지고 아파하는 인고의 시간도 포함해야 했다. 무엇이든 단박에 이룰 수는 없었다. 그렇게 만들어지는 결과는 오래가지도 탄탄하지도 못했다. 눈앞에 당장 결과가 보이지 않아도 포기하지 않는 꾸준함이 오늘과 다른 내일을 만들었다.

나는 확신한다. 기질은 자질을 이긴다. 지금 이 순간에도 내가 새로운 도전을 멈추지 않는 이유이다.

퇴직 후 가장

마지막에 버린 것

부동산 임대 계약서에 사인을 하는데 감격스러웠다. 보증금까지 이체했으니 곧바로 인테리어 공사를 시작하면 된다. 건물주 사무실을 나오자마자 근처 카페에 가서 스케줄을 정리했다. 할 일은 태산 같았지만, 전혀 힘들게 느껴지지 않았다.

개업식을 하는데 가슴이 벅찼다. 축하하러 온 지인들이 사무실을 보며 연신 감탄했다. 문을 들어서자 느껴지는 따스한 분위기며 정성이 느껴지는 구석구석이 내가 얼마나 심혈을 기울였는지 짐작이 된다고 했다. 무엇 하나 허투루 하지 않은 노력이 결과물로 돌아온 것 같았다. 드디어 꿈에 그리던 사장이 됐다.

직장생활을 하면서 많이 들었던 이야기 중 하나가 '사업을 하

면 잘할 사람'이었다. 일 앞에서 적극적이고 한 수 앞선 행보를
보이는 내 업무 성향을 두고 하는 말이었다. 처음 그 말을 들었
을 때는 그저 기분이 좋았다. 확실히 나에 대한 칭찬처럼 들렸
다. 그런데 듣다 보니 내가 정말 사업을 잘할 수 있는 사람인지
궁금해지기 시작했다. 그러다 어느 순간 잘할 수 있다는 자신감
이 생겼고 급기야 나는 사업을 하기 위해 태어난 사람이라고 생
각하기에 이르렀다. 직급이 높아질수록 회사를 그만두면 사업부
터 해야겠다고 마음먹었다. 피그말리온의 조각상처럼 사업은 나
에게 운명처럼 느껴졌다.

사업 시작과 동시에 관공서와 기업체에 홍보 메일을 보냈고
SNS는 물론 각종 커뮤니티에도 광고를 게재했다. 후발주자로서
의 약점은 공격적인 마케팅을 통해서만 극복할 수 있다고 생각
했다. 콜라보를 희망하는 단체에 협업을 제안했으며 각종 정부
사업에도 지원했다. 회사에서 쌓은 경험을 총동원해 초기에 자
리를 잡기 위해 안간힘을 썼다. 하지만 노력에도 불구하고 기대
만큼의 성과는 나타나지 않았다.

트렌드의 변화가 가장 큰 원인이었다. 코로나19로 인해 고객
의 생활패턴이 바뀌고 있었다. 이러한 변화를 생각지 못한 것은
아니었지만, 예상보다 그 속도가 훨씬 빨랐다. 유통업 트렌드가
대면에서 비대면으로 변화하고 있는 것처럼 나의 사업 분야도

온라인이 확대되는 추세였다. 실제로 한 달 가까이 코로나19로 영업을 하지 못해 타격을 입기도 했다. 그리고 안타깝게도 그 이후 더 빠른 산업 지형의 변동이 느껴졌다. 개인의 노력으로 극복할 수 있는 수준은 이미 아니었다. 홍수처럼 밀려드는 트렌드의 변화는 댐으로는 막을 수 없는 재해와 같았다.

사업을 하면서 얻은 가장 큰 성과는 있는 그대로의 나를 보게 된 점이었다. 회사의 직급으로 위장된 모습이 아닌 진짜 내 모습, 진짜 내 실력이었다. 어쩌면 이미 버려야 했을 몸에 안 맞는 치장을 걷어낸 모양과도 같았다. 위기를 만날 때마다 한꺼풀씩 허물 벗듯 걷어내는 동안 나의 부풀려진 자만도 떨어져 나갔다. 한 번은 거쳐야 할 진통이었기에 오히려 좋은 기회가 되었다.

세상이 내게 무엇을 원하는지도 알게 되었다. 나의 경쟁력은 이미 판이 짜여진 경기장에 있지 않았다. 내 진가는 새로운 스타일의 리그에서 발휘될 것 같았다. 판단이 선 이상 시간을 낭비할 수 없었다. 장기적으로 보았을 때 투자 대비 아웃풋이 나은 쪽을 선택해야 했다. 빠른 피보팅*만이 답이었다. 고민 없이 사업을

---

* 피보팅 급속도로 변하는 외부 환경에 따라 기존 사업 아이템이나 모델을 바탕으로 사업 방향을 다른 쪽으로 전환함을 의미

정리하려는데 주위의 만류가 심했다. 1년 차 신생기업치고는 꽤 괜찮은 성과를 이룬 탓에 아쉽다는 의견이 주를 이뤘다. 고정 고객이 점차 늘어나고 있었고 기성 업체들이 암암리에 벤치마킹할 정도로 시장 내 점유율도 높아지는 상황이었다. 하지만 이 보전진을 위한 일 보 후퇴는 불가피했다.

　다시 시작한 사업은 퇴직학교였다. 단순한 컨설팅을 넘어 퇴직자에게 실질적인 루트를 제공해 심신이 안정된 삶을 누릴 수 있도록 돕는 것이 미션이다. 퇴직 후 겪었던 나의 방황이 모티브가 되었다. 퇴직 후 알게 된 퇴직자를 바라보는 사회의 시선은 특별했다. 심하게 표현하면 패배자로 낙인찍는 느낌이었다. 일단 퇴직자라는 꼬리표가 붙으면 이전과 다른 제약이 따라붙었다. 다시 일어서리라 부르짖던 퇴직 초반의 힘찬 다짐도 서서히 꺾여 어느 순간 어깨 처진 패잔병이 되어버렸다. 대부분 퇴직자가 수면 아래 있어 서로 정보를 공유할 수도 연대할 수도 없었다. 이 사회에 퇴직자는 있지만 없는 사람들 같았다. 감히 대한민국의 노년 빈곤율이 OECD 1위라는 오명과 늘어나는 중장년 고독사와 전혀 무관하지 않은 것 같았다.
　퇴직자의 시선에서 바라보는 퇴직자는 위태로웠다. 내가 퇴직의 구렁에서 빠져나오려 안간힘을 쓰는 동안에도 여전히 체

넘하며 갇혀 있는 동료들을 보면 안타깝기만 했다. 함께 오르고 싶었지만 내겐 힘이 없었다. 내 몸 겨우 지탱하며 오르는 동안 먼저 올라가면 손을 내밀리라 생각했었다. 동료들이 올라오면 힘찬 손뼉을 쳐 주며 함께 웃고 싶었다. 누군가 그 일을 해야 한다면 내가 하겠다고 다짐했다. 나아가 구상하는 사업이 궤도에 오르면 점차 대상을 확대하기로 마음먹었다. 퇴직자뿐만 아니라 현직 직장인까지 아우르는 직장인 아카데미 운영이 목표이다. 퇴직과 직장생활을 연장선상에 두고 장기적 관점에서 인생을 설계할 수 있도록 조력하고자 한다. 직장인 모두가 회사를 피할 수 없다면 차라리 즐겨서 아프지 말고 행복했으면 하는 바람이다.

인생 설계는 탁상 머리에서 하는 게 아니었다. 직접 마주해 시간을 담아야 했다. 멀리서는 보이지 않는 것들이 있었다. 멀리서 볼 때는 막연히 좋아 보여서 무모한 실행을 부추기게 된다. 직접 걷다 보면 길이 보이고 가다 보면 길이 만들어진다. 그렇게 찾은 길이 탄탄했다. 한 번뿐인 인생길이라면 더욱 그래야 한다. 이 모든 것이 힘을 빼니 보이기 시작했다.

나는 더 이상 과거와 같은 꿈을 꾸지 않는다. 직장인 시절에 가졌던 야망도 임원 시절에 좇았던 욕망도 이제는 없다. 하지만 지금이 인생 그 어느 시기보다 편안하고 만족스럽다. 퇴직 후 보고 느꼈던 격이 다른 인생 경험은 나를 새롭게 변화시키기에 충분했다.

내 인생에 마침표는 없다. 오직 쉼표만 있을 뿐이다. 습관과도 같은 이러한 삶의 태도가 인생 2막에서도 커다란 열매를 맺게 하리라 믿는다.

두려움을 극복한다면
모든 것이 교훈

자주 다니던 산에 올랐다. 며칠 안 간 사이 꽃이 피어 있었다. 그렇게 다녔으면서 꽃나무인지도 몰랐는데 칙칙한 갈색 나무 사이사이 선명한 분홍색이 분명 봄을 알리는 꽃이었다.

가까이 다가가 보았다. 자세히 보니 색상이 더욱 고왔다. 물감으로는 만들어내지 못하는 영롱한 색상에 빠져들어 한참을 서 있었다. 그러다 문득 미안한 생각이 들었다. 숱하게 같은 산에 올랐으면서 그동안 눈길 한번 주지 않다가 꽃이 피었다고 관심을 주는 내가 속물처럼 느껴졌다. "미안"하고 소리 내어 말하고 다시 오르던 길을 향했다.

회사를 떠난 지 3년이 되었다. 3년이라고는 해도 코로나19와 피치 못할 개인적 상황으로 묶여있던 시간을 제외하면 실제 체감하는 시간은 그보다 훨씬 짧았다. 그간 참 많은 일을 했다. 우선 회사를 나오며 계획했던 일은 모두 마쳤다. 그 수만 해도 열 가지가 넘었다. 한 가지 일도 제대로 하려면 많게는 1년 가까운 시간이 필요한 일들을 쉴 새 없이 해나갔다. 막상 하고 보니 내 성향과 맞지 않는 일도 있었고 능력 밖의 많은 투자가 필요한 일도 있었다. 결론적으로 다 성공하지는 못했다. 실패가 쌓일수록 내 안에 걱정도 깊어 갔다.

맨 처음 실패가 특히 그랬다. 퇴직 후 얼마 지나지 않은 시점이었다. 크지 않은 강의 자리에 지원했는데 보기 좋게 떨어졌다. 이력서를 제출하고 합격자 발표를 기다리는 며칠이 무척 고역이었다. 가슴 졸이는 시간을 보낸 후 발표 시각이 되기도 전에 전화로 문의했는데 탈락했다는 답을 들었다. 속상함이 이루 말할 수 없었다. 세상이 나를 외면하는 느낌이었다. 회사 밖 세상에서 처음 도전한 첫 번째 관문이라 충격이 매우 컸다.

자연히 고민하는 시간이 많아졌다. 같은 실패를 반복하지 않으려면 원인부터 찾아야 했다. 그러다 어느 순간 내 이력이 문제라는 생각이 들었다. 내게는 회사 밖 세상에서 증명된 커리어가 없었다. 쓰임새 없는 경력은 있으나 마나 했다. 원점부터 생각의 방식을 바꾸고 나서야 얻어 낸 해답이었다. 생각의 변화는 나의 시각과 행동의 변화를 이끌었다. 비단 새로운 대상에게만 해당하지는 않았다. 이전과 같은 상황, 늘 듣던 표현이어도 과거와 다르게 인식하게 됐다.

대표적인 것이 실패에 대한 해석이었다. 내가 실패 앞에 낙심했던 이유는 내가 바라던 결과가 아니었기 때문이었다. 그런데 갑자기 그런 생각이 들었다. 내가 원하는 결과가 과연 나에게 최상일까? 당장은 그래 보이지만 꼭 그렇지 않을 수도 있다는 생각이 들었다. 실패가 나에 대한 거부처럼 느껴지고 당장 견뎌야 하는 인내의 고통 때문에 실제보다 크게 받아들였던 면도 있는 것 같았다. 그렇다면 실패를 확대해석해서는 안 되는 일이었다.

무엇보다 목표를 이루기 위해 도전하는 중이라면 실패는 실패가 아니다. 단지 일을 만들어 가는 과정이다. 실패를 규정하는 것은 다음 단계로의 행보 여부다. 동일한 상황이어도 멈춘다면 실패지만 나아간다면 과정이다. 관건은 실패 경험을 어떻게 성공 경험으로 바꾸느냐이다. 어떻게 이게 가능할까? 방법은 의외로 단순하다. 멈추지 않으면 된다. 성공할 때까지 계속하면 된다. 도중에 숱한 쓰러짐이 있더라도 툭툭 털고 일어서서 다시 가면 된다. 성공에 도달했을 때 그때 멈추면 된다. 일단 상황만 반전시키면 이전의 실패 경험은 모두 성공 경험으로 바뀔 수 있다. 적어도 나는 그랬다.

　신기하게도 그렇게 만들어진 성공에는 스토리까지 더해졌다. 7전 8기, 고진감래. 실패를 딛고 선 성공이기에 주어지는 타이틀이었다. 실패 없는 성공이었다면 얻지 못하는 부가적인 수확이었다. 간혹 성공 자체보다 실패 경험이 더 많은 조명을 받기도 했다.

　그런 측면에서 퇴직 후 나는 한 번도 실패하지 않았다. 목적지에 가기 위해 거쳐야 할 과정을 지났을 뿐이었다. 분명 그 과정에서 고통은 있었지만, 결과를 보면 늘 그 이상의 소득이 뒤따랐다. 가까운 예로, 내가 짧은 기간 동안 두 권의 책을 출간하게 된 이면에는 직장 내 따돌림과 출판 공모전 낙방이라는 좌절이 있었다. 또한 글쓰기 포털 작가가 되어 여러 매체에서 집필 의뢰를 받고 웹소설 구상까지 하게 된 배경에는 비전 없는 사업체의 정리가 있었다. 실패는 이렇듯 성급히 결론지을 대상이 아니었다. 긍정적으로 활용한다면 오히려 누구도 흉내 낼 수 없는 성공 레시피가 될 수 있다.

　그래서인지 나는 오히려 실패가 감사했다. 과정 가운데 장애물을 만나면 더 크게 이룰 성공이 기대되기까지 했다. 실패 앞에

주눅 들지 않는 스스로가 대견하게 생각되었다. 실패가 두려워 아무것도 하지 않는 나보다 실패 때문에 깨지는 내가 훨씬 자랑스러웠다. 실패는 성공을 보장받은 사람만 누릴 수 있는 특권이기에 어느 순간부터 주변에 실패를 권장하게 되었다.

산에서 내려오며 앞서 보았던 꽃나무를 다시 보았다. 겨우내 죽었던 것처럼 보였지만 실상은 새잎을 틔우기 위해 모든 기운을 뿌리로 모으고 겨울나기를 하고 있었다. 연중 생명력이 가장 강했던 시점이었을 것이다. 지난가을 잎이 모두 떨어졌을 때 다 끝났다고 생각하고 포기했다면 올해 새잎이 돋았을까? 꽃에 감격은 했지만 정작 박수를 받아야 할 것은 꽃을 피우기까지 쏟았을 나무의 노력이다.

봄은 반드시 온다. 멈추지 않는다면 새잎도 반드시 움튼다. 새잎의 기쁨을 느껴본 나무에게 겨울나기는 실패가 아니라 기대이다.

'회사 밖 삶'으로 어떻게 안전 착륙할 것인가?

Q. 최근 직장생활 25년 만에 퇴직했습니다. 모아둔 돈도 특별한 기술도 없으면서 바쁘다는 핑계로 제대로 된 퇴직 준비를 하지 못했습니다. 아직 젊은 나이인데 무기력하게 시간을 보내며 살고 싶지는 않습니다. 그런데 막상 새로운 도전을 하려니 막막하기만 합니다. 어떻게 해야 할까요?

경아로운 생각

애쓰셨습니다. 그리고 축하드립니다. 드디어 자유계약 선수가 되셨습니다.

퇴직이 특별하게 다가오는 이유는 아직 경험한 적이 없기 때문입니다. 직장인으로 산 수십 년 삶은 안정감을 주는 대신 자생력을 앗아가 낯선 세계에 대한 두려움을 만듭니다. 회사를 나와 처음 겪는 상황들은 몰랐을 뿐 알고 보면 별것 아닌 경우가 대부분인데도 말이지요.

퇴직(退職 현직에서 물러남)이란 단어가 주는 부정적 어감도 한몫합니다. 퇴직의 기준이 무엇일까요? 시대에 맞는 표현일까요? 저는 그렇지 않다고 생각합니다. 선생님께서는 회사를 그만두셨을 뿐 일을 그만두신 것은 아닙니다. 그런 면에서 선생님은 이직(移職 직장을 떠남) 또는 전직(轉職 직업이나 직무를 바꾸어 옮김) 중이십니다. 다행히 선생님께서는 좋은 직장인 DNA를 가지고 계십니다. 새벽같이 출근했던 근면함부터 일정 안에 업무를 마무리했던 성실성, 난제를 극복했던 문제해결 능력, 다양한 계층을 아울렀던 친화력까지. 이는 따라올 수 없는 선생님만의 자산입니다. 이미 검증되었으니 스스로를 믿으시길 바랍니다.

자유계약 선수의 기본은 자기관리입니다. 챔피언 결정전에서 필드에 나가 뛸 것인지 더그아웃만 지키다 쓸쓸히 사라질 것인지는 선생님 손에 달려 있습니다. 퇴직 후 실력이 진짜 실력입니다.

저는 퇴직 통보를 받은 날, 오히려 마음이 편했습니다. 퇴직 전 1년간 받은 압박이 너무 커서 벗어나고 싶은 마음뿐이었습니다. 나름 계획도 세워둔 터라 두려울 게 없었습니다.

하지만 막상 전장에 나가보니 모든 것이 생각과 달랐습니다. 우선 제가 가진 병력이 형편없었습니다. 수적으로도 열세인 사라져가는 구식 무기가 전부였으니까요. 그러다 보니 싸우는 족족 패배했고 마음도 아주 힘들었습니다. 특히 주변과 비교해 느껴지는 열등감과 다른 사람의 시선이 고통이었습니다. 본부에서 작전을 지휘하는 동기는 공로를 인정받아 진급했고, 함께 전쟁에 나섰던 동료는 전장에서 연일 승전고를 울린다는 소식을 들을 때마다 사기가 떨어졌습니다.

시간과 씨름하며 버티는 것 외에는 방법이 없었습니다. 탄환 한 발로 넘어뜨리기 어렵다면 수십 번 돌이라도 던지자는 생각으로 수시로 작전을 변경해가며 치열하게 싸웠습니다. 그러는 사이 목표물이 하나둘씩 쓰러지는 것을 발견했고 성과가 보이니 마음도 점차 회복되었습니다. 저는 휘청거렸지만 쓰러지지는 않았던 퇴직 후 제 삶에 만족합니다.

지금은 10년 후 전직 계획도 함께 세우고 있습니다. 현재에 안주해 넋 놓고 지내다가 눈앞에 닥치고 나서야 앞날을 준비하는 실수는 한 번이면 족하니까요.

퇴직은 조직과의 결별을 의미합니다. 조직은 시스템, 사람, 돈을 갖추고 있어 같은 일을 하더라도 높은 성과를 낼 수 있습니다. 퇴직 후 가장 먼저 낙심하는 이유가 이 때문입니다. 비장하게 시도한 첫 도전에서 실패를 맛본 뒤 지금껏 내가 이룬 결과가 나의 능력이 아니라 조직의 역량이었음을 깨닫는 순간 좌절하게 됩니다. 더욱이 25년 이상 직장에 몸담았다면 현업보다 관리 업무를 하셨을 가능성이 크므로 더 뼈저리게 느끼실 수 있습니다. 같은 관점에서 회사 밖 세상에 안착하기 위해 버려야 할 것과 가져야 할 것부터 각각 두 가지씩 말씀드리겠습니다.

'버려야 할 것'은 욕심과 자존심입니다. 특별한 경우를 제외하고 이전 직장에서 받았던 대우를 유지하며 바로 이직하기는 쉽지 않습니다. 상향 그래프도 꺾이며 올라가는 것처럼 흡족하지 않더라도 욕심을 버리고 하락점을 수용할 줄 아셔야 합니다. 선생님께서 회사 내에서 거둔 성과의 상당 부분이 조직이었기에 가능했다는 점을 잊지 마시길 바랍니다. 이를 받아들이는 과정에서 자존심을 다치기도 하겠지만 이 또한 이겨내셔야 합니다. 선생님의 기준만 고집하다가 시간을 흘려보내면 회사 밖 삶의 출발 자체가 어려워질 수도 있습니다. 상황에 맞는 융통성 있는 타협이 필요합니다.

'가져야 할 것'은 자신감과 인내심입니다. 많은 퇴직자들이 짧은 시간 안에 성과가 나오지 않으면 쉽게 포기하고 맙니다. 한두 번 도전했다가 결과가 여의찮으면 낙담하기도 합니다. 돌이켜 보면 직장생활을 할 때도 반복되었던 상황인데 퇴직이라는 특수성 때문에 심각하게 받아들이고 성급한 판단을 하게 됩니다. 적절한 계획 수정은 필요합니다. 하지만 자신감을 잃지 않고 인내하며 결과를 기다리시는 것이 우선입니다.

덧붙여 회사 밖 삶에 안전 착륙하시려면 무엇보다 목표를 수립하시길 바랍니다. 언뜻 떠오르지 않는다면 주변 사례를 찾아보면 좋겠습니다. 측근뿐 아니라 SNS 등을 활용하여 퇴직자 외에도 비슷한 연배의 다양한 경우를 살펴보시기를 권합니다. 방향을 설정하셨다면 이를 달성하기 위한 세부 계획을 영역별, 시기별로 정하시길 바랍니다. 부담 없는 계획은 실행하며 보완하는 편이 낫습니다. 어차피 완벽한 계획은 없으니까요. 진행하다 보면 중간에 돌발 변수가 나타나거나 상황이 원치 않는 쪽으로 흘러갈 수도 있습니다. 이는 자연스러운 현상이며 선생님의 잘못만은 아니니 흔들리지 않으시길 바랍니다. 조급함은 일을 그르칠 수 있음을 유념하시고 생각한 바를 꾸준히 해나가시면 반드시 목표 지점에 도달할 수 있습니다.

그러나 이 모든 것들에 앞서, 좀 쉬셨으면 좋겠습니다. 퇴직 직후가 여유롭게 휴식을 취할 수 있는 가장 좋은 타이밍입니다. 이후 자리를 잡을 때까지는 심리적으로도 경제적으로도 여유가 없어 쉴 기회를 만들기 쉽지 않습니다. 그동안 수고한 자신을 토닥이며 다시 시작할 준비를 하시길 바랍니다.

지금부터는 진짜 선생님만의 시간입니다. 잊지 마세요. 퇴직은 종말이 아닙니다. 퇴직자는 루저가 아닙니다. 회사 밖에서 더 우뚝 서실 선생님을 응원합니다.

준비하는 자를 위한
'경아로운 실전TIP'

경아로운 실패담

직장생활을 하는 동안 흑역사를 쌓고 싶지 않은
사람이라면 한 번쯤 읽어봐도 좋을

"안 짤려서 다행이야."

진짜 디자이너

맞아요?

"대리님, 죄송합니다."

생산부 대리님께 고개 숙여 사과를 드렸다. 나 때문에 입장이 난처해지신 것 같아 너무 송구스러웠다.

"왜 말씀 안 하셨어요. 제가 그랬다고……."

혹시 누가 들을까 기어들어 가는 목소리로 거듭 죄송한 마음을 전했다.

디자이너로 입사한 지 1년이 돼가는데도 내 실력은 좀처럼 나아지지 않았다. 의류 디자인을 이미지로 표현하는 도식화 그림도 엉성했고, 트렌드 분석력도 떨어져 브랜드 콘셉트와 맞지 않는 디자인을 하는 등 명함만 디자이너였지 만들어 내는 결과물은 형편없었다.

그중에서도 컬러 감각은 내가 보기에도 영 낙제점이었다. 패턴이 있는 디자인의 경우 캐드 프로그램에서 여러 컬러를 대입해보고 최상의 컬러 조합을 찾아야 하는데 내가 색상을 조합하고 나면 내 눈에도 예뻐 보이질 않았다. 오죽하면 실장님께서 나의 사수에게 책임지고 내 컬러 감각을 키우라는 특별 명령을 내리실 정도였다. 안 그래도 함께 입사한 동기와 비교해 모든 면에서 뒤처지는 것 같아 기죽어 지내는데 그 말씀까지 하시니 정말 속상했다.

그래서인지 사람들 앞에서 컬러 조합 작업을 하는 게 창피했다. 디자인실 벽면에 크게 자리한 컴퓨터 앞에 앉아 작업하려고 하면 등에서 식은땀부터 났다. 간혹 실장님이 지나가시다 "그건 아닌 것 같은데!"라고 한 말씀 하시면 머리가 멍해지고 손이 움직여지지 않았다. 작업을 하면서도 혹시 누가 내 뒤로 오지는 않을까, 신경을 쓰다 보니 일이 진척되지 않았다. 작업해야 하는 양은 점점 쌓여가는데 자칫 일정까지 넘겨 더 혼날 생각을 하니 아찔했다. 어쩔 수 없이 아무도 출근하지 않는 일요일에 나와 작업을 하기 시작했다. 그런데 신기하게도 보는 사람이 없다고 생각하니 일의 능률이 올랐다. 그래서일까. 시간이 흐를수록 내가 한 작업이 내 마음에도 조금씩 들기 시작했고 아예 일요일 출근이 습관이 돼버렸다.

그러던 어느 월요일 오전. 생산부 직원이 나를 찾아왔다. 당장 제품 생산에 들어가야 하는데 확정된 컬러를 받을 수 있느냐고 물었다. 다행히 전날 작업해둔 컬러가 있었다. 스스로 생각해도 괜찮다 싶어 생산부 직원에게 컬러 조합을 넘겨주었다. 앞서 실장님께서 나에게 생산부에 작업 지시를 하기 전 반드시 선배들의 확인을 받으라 말씀하셨지만, 이 정도면 실장님께서도 인정해 주실 것 같았다. 실장님도 회의 들어가셔서 안 계셨고 선배들도 다른 업무로 자리를 비워 딱히 물을 수 있는 상황이 아니었다.

그런데 일이 터지고 말았다. 생산부 직원이 내가 정해준 컬러로 제품을 만든 후 첫 시제품을 실장님께 가져다드리는 순간, 실장님께서 전에 보지 못한 모습으로 크게 화를 내셨다. 누가 컬러를 이렇게 작업하라 했냐고, 디자이너 오더대로 작업하면 이럴 수는 없다며 버럭 소리를 지르셨다. 그 모습을 보는데 가슴이 콩닥거렸다. 차마 내가 그랬다는 말은 못하고 아무 말 없이 실장님의 화를 참는 생산부 직원을 보고 있으려니 너무 미안했다.

시제품 컬러는 내가 봐도 가관이었다. 분명 컬러 작업할 때는 괜찮아 보였는데 제품으로 만들어 놓고 보니 도무지 봐줄 수가 없었다. 원래 실장님께서 확정하신 컬러는 밝은 그린 색 계열이었다. 풋사과보다 더 맑은 여름 시즌에 딱 맞는 시원한 색감이었다. 그런데 내가 작업 지시를 내린 컬러는 칙칙한 초록색 계열이었다. 가을 느낌이 물씬 풍기는, 흡사 한때 유행했던 SF 시리즈의 파충류 외계인 피부색을 닮은 색상이었다. 실장님이 화를 내실 만도 했다. 생산부 직원이 꾸중을 듣는 내내, 마치 내가 혼나는 것같이 떨리고 두려웠다. 생산부 직원이 나간 후에도 들킬까 봐 바로 쫓아가지 못하고 오후가 되어 조용히 찾아가 미안하다고 거듭 사과를 했다.

시즌이 종료되어 판매율 결산 보고 회의를 하는데도 정말 숨고 싶었다. 내가 사고를 친 제품의 판매율은 20%도 되지 않았다. 평균 정상 판매율에 훨씬 못 미치는 성적이었다. 아니나 다를까 그 제품에 대한 언급을 누군가 하자 실장님의 표정이 일그러졌다. 동시에 나의 마음도 찌그러졌다. 어쩌면 실장님은 내 잘못이란 것을 아셨을지도 모른다. 입사한 지 1년이 되지 않는 막내 디자이너에게 역정을 내기가 편치 않아 대타를 찾으셨을지도 모른다. 차라리 나에게 화를 내시지, 생산부 대리님은 무슨 죄일까. 덕분에 생산부 직원과 함께 일하는 동안 나는 생산부 직원의 충성스러운 무수리가 되었다. 넘겨야 할 오더가 있으면 선배의 확인을 받고 일찌감치 자리로 갖다 드렸고, 갈 때도 빈손으로 가는 법 없이 쿠키며 음료수를 꼭 챙겼다. 빚진 마음을 어떻게든 갚고 싶었다.

무엇보다 당시 나는 내 모습에 크게 실망했다. 내 잘못이라고 나서지 못한 자신이 비겁하게 느껴졌다. 떳떳이 밝히고 시원하게 혼 한번 나면 될 일을, 치사하게 숨은 내가 아이 같다고 생각했다. 그래서 그 이후 나는 불편한 자리에서도 숨지 않으려 노력했다. 내가 잘못한 경우는 물론 누군가를 보호해야 하거나 한 사람이 책임을 져야 하는 상황에서도 먼저 나서기를 주저하지 않았다. 그런 내 모습을 보고 사람들은 내가 태생부터 솔직하고 당당한 줄로 생각했다. 모르는 소리. 한 번 깨져보고 정신을 차린 거였다. 간혹 모든 화살이 나에게로 향해 버거울 때도 있었지만 마음의 용량을 키우려면 기백 있는 용기부터 가져야 했다.

이 기회를 빌려 전하고 싶다. 제 잘못을 덮어쓰신 생산부 대리님, 남 혼나는 모습을 통해 나를 거듭나게 만드신 실장님. 두 분께 정말 감사드립니다.

● 경아의 다짐 "모르면 배우자!" 그리고 "잘못했으면 솔직하게 인정하자!"

분위기 파악 못한

'잔 다르크 코스프레'의 결말

주임·말단 중간관리자 시절

출근하려니 걱정부터 앞섰다. 오늘 하루 또 무슨 일이 터질지, 자세한 내용은 몰라도 쉽게 지나가지 않을 것만큼은 분명해보였다. 내가 자초한 일이긴 하지만 벌써 수 주째 사전 예고 없이 날아드는 맹공으로 멘탈이 무너지고 있었다. 집을 나서며 깊은 심호흡을 했다.

입사 후 몇 년이 흐르자 회사에서 지내기가 한결 수월해졌다. 주임으로 승진도 했고 일도 어느 정도 익숙해져 적어도 내 몫은 잘 해내고 있는 것 같았다. 그 사이 신입사원들도 대거 입사해 웬만한 디자인실을 가도 선배보다 후배가 더 많은 위치가 되었다. 얼마 전 새로운 브랜드의 디자인실로 옮기고 나서는 더욱 그랬다. 그룹 내 촉망받는 브랜드 중 하나였는데, 내 위로는 디자인 실장님 한 분만 계셨고 나머지는 모두 후배들이었다. 그만큼 내 어깨가 무거워졌다.

적응하는 데는 별 어려움이 없었다. 후배들이 나를 잘 따랐고 나 역시 후배들이 사랑스러워 온갖 애정을 쏟아부었다. 퇴근하고 함께 맛집에 가기도 하고 서로의 기념일을 챙겨주는 등 돈독한 관계를 만들어 갔다. 그러나 애석하게도 디자인실 전체의 분위기는 매우 좋지 않았다.

우리끼리는 잘 지내는데 실장님만 계시면 공기가 급속도로 얼어붙었다. 실장님과 후배들 사이의 세대 차가 워낙 컸고 실장님의 업무에 대한 사랑이 지나쳐서 도저히 우리들은 그 눈높이를 따라갈 수 없었다. 실장님이 하라고 지시하는 일은 쉬지 않고 하는데도 일정 안에 끝내지 못하는 경우가 많았다. 꾀를 부리지도 않았고 더러는 집에 일을 싸가지고 가서 하기도 했지만 늘 헉헉거렸다. 게다가 기껏 해갔는데 실장님이 "다시 해와!"라고 한 말씀 하시면 모든 게 수포로 돌아갔다. 가끔은 신경질적으로 말씀하시기도 해서 모두가 이래저래 힘들어했다. 자리를 이동한 지 얼마 되지 않았지만 나 역시 마찬가지였다.

"언니……."

퇴근을 하는데 후배가 어두운 목소리로 나를 불렀다. 사석에서는 나를 언니라고 부르는 아끼는 후배였다.

"나 너무 힘들어……."

그러면서 실장님 이야기를 꺼냈다. 그리고 이번 한 번만이라도 일정에 여유를 주셨으면 좋겠다는 말을 했다. 그날 한꺼번에 너무 많은 업무 지시를 받아서 하는 말 같았다. 회의 시간에 단체로 꾸중까지 들어 다들 기분이 좋지 않은 상태였다. 후배의 말을 듣고 있는데 마음이 좋지 않았다. 나 역시 실장님에 대한 불만이 쌓여가는 중이었고 후배도 힘들어하는 모습을 보자 더는 안 되겠다 싶은 생각이 들었다. 후배에게 말은 안 했지만, 조만간 실장님께 건의해야겠다고 마음먹었다.

며칠 뒤 부서 전체 회의를 하는데 실장님께서 최근에 지시하신 일의 진행 상황을 물으셨다. 기한이 남아있는데도 계속 몰아붙이기만 하는 실장님에게 화가 나기 시작했다. 풀 죽은 얼굴로 앉아 있는 후배들을 보니 더 부아가 치밀었다. 후배가 힘들다고 했던 말이 스쳐 지나갔다.

"실장님, 그러시면 안 되죠!"

어쩐 일인지 나도 모르게 이 말이 튀어나와 버렸다. 분명 그 타이밍이 아니었는데 머리 안에 있던 생각이 입 밖으로 나오고 말았다. 모두가 놀란 와중에 가장 많이 놀란 사람은 나였다. 하지만 이왕 시작한 말, 멈출 수가 없었다.

"일은 하겠는데요, 일정에 대해 고려는 해주셨으면 합니다. 말씀도 부드럽게 해주셨으면 좋겠고요."

내 말 한마디로 회의 분위기는 더욱 싸늘하게 식었다. 실장님의 얼굴빛이 붉으락푸르락 변하는 게 느껴졌고 후배들도 당황하는 기색이 역력했다. 나 역시 아차 싶었지만 이미 상황을 되돌릴 수는 없었다.

그 회의가 어떻게 마무리되었는지는 잘 기억이 나지 않는다. 하지만 분명한 사실은 그날 이후 나의 회사 생활이 다시 힘들어졌다는 것이다. 실장님은 내가 하는 행동 하나하나를 지적하셨다. 제출한 디자인에 대한 부정적인 피드백은 물론, 옷 스타일, 근무태도, 사고방식 등 나의 모든 면을 마음에 들어 하지 않으셨다. 이전에도 딱히 나를 아끼는 느낌은 못 받았지만, 아예 대놓고 내가 공격 대상이 된 것 같았다. 오죽하면 후배들이 나를 측은하다고 할 정도였다. 어쩌다 후배들에게 동정을 받는 지경이 되었는지…….

지나고 생각해보면 확실히 나는 현명하지 못했다. 실마리를 그렇게 풀면 안 됐다. 무턱대고 모두가 있는 자리에서 한 사람, 게다가 최고 상사를 공격하는 태도는 옳지 않았다. 나로 인해 실장님은 적잖이 심기가 상하셨을 것 같았다. 개인에 대한 좋지 않은 이야기일수록 따로 전해야 함을 미처 몰랐다. 후배들을 위한 중간 다리 역할을 잘할 심산이었으면 실장님의 마음부터 얻어야 했다. 실장님께 내가 브랜드의 성장을 위해 노력하는 실장님의 조력자라는 느낌을 먼저 드렸어야 했다. 준비 없는 선공. 나는 시작하기도 전에 이미 진 싸움을 하고 있었다.

결국 나는 다른 브랜드로 자리 이동을 했다. 나도 원했지만 나만 원해서 근무지를 옮긴 것 같지는 않았다. 내가 다른 곳으로 떠나고 나서 실장님의 태도가 바뀌었다는 소식을 전해 들었다. 사전에 후배들의 의향을 묻기도 하시고 말투도 훨씬 부드러워지셨다고 했다. 다행이었다. 쓸데없는 정의감에 불타 이 한 몸 희생한 결과라고 생각하기로 했다.

이 기회를 빌려 전하고 싶다. 함께하는 동안 나를 잘 따라준 후배들, 나 떠나고 천사표 상사로 변하신 실장님. 모든 분께 진심으로 감사드립니다.

● 경아의 다짐 "낄 거면 제대로 끼자!" 그리고 "할 거면 제대로 하자!"

하마터면

내 손으로 자를 뻔했다

과장·중간 관리자 시절

새로 맡은 지점의 업무는 만만치가 않았다. 모르는 것투성이였다. 팀원들이 사용하는 용어도 낯설고 업무의 맥이 잡히지 않으니 팀을 끌고 갈 수도 없었다. 잘하고 싶은데 내가 할 수 있는 일이라곤 가장 먼저 출근하고 가끔 후배들에게 밥을 사는 정도였다. 본사에서 근무하다 지점으로 자원하긴 했지만 이렇게 빨리 발령을 받을 줄은 몰랐다.

지점에 오니 궁금한 점을 마땅히 물어볼 데가 없어 답답했다. 회사에서 같은 업무를 수행하는 팀장을 매칭시켜주어 필요할 때 코칭을 받을 수 있도록 배려해주기는 했지만, 수시로 궁금한 일들을 물어볼 수는 없었다. 그분 역시 업무가 바쁠 텐데 부담이 되고 싶지 않았다. 후배들한테 묻기에는 자존심이 상했다. 그런 의도는 분명 아닐 텐데 답하는 목소리가 조금이라도 건조하다 싶으면 마음이 상했다. 혹시 나를 무시하는 것은 아닌지 괜한 신경을 썼다.

그러다 고객에게 실수를 했다. 고객의 계산을 도와드리는 과정에서 거스름돈을 더 드리게 되었다. 후배도 돕고 일도 배울 겸 고객 계산을 자처했는데 익숙하지 않은 탓에 오천 원이 아닌 오만 원을 드렸다. 지폐의 색상을 착각한 게 화근이었다. 다행히 고객이 집에 가다말고 되돌아와 돌려주었으나 너무 창피했다. 고객의 목소리에 짜증이 섞여 있었지만, 그저 감사했다. 아무도 모르게 상황이 정리되어 다행이라고 생각했다. 이뿐만이 아니었다. 전원을 빼면 안 되는 사무실 전기 코드를 뽑아버려 긴급한 무전 연락을 하지 못하게 되질 않나, 교대로 돌아가는 근무 스케줄이 헷갈려 엄한 시간에 출근하질 않나, 수시로 올라오는 결재 승인을 놓쳐 비품이 모자라 업무를 못하게 하질 않나, 뭐 하나 제대로 하는 게 없었다.

내가 회사에서 불필요한 사람처럼 느껴졌다. 맡은 업무를 실수 없이 해내고 기존 구성원들과도 잘 지내고 싶은데 마음처럼 되지 않았다. 팀장으로서의 역할을 감당하기는커녕 내가 손만

댔다 하면 일이 늦어지고 두 번 작업을 해야 했다. 그런 일이 반복되다 보니 팀원들은 내가 뭔가 하려고 하면 본인들이 할 테니 그냥 쉬라고 말했다. 나를 배려해서 하는 말일 텐데 내 귀에는 그렇게 들리지 않았다. 차라리 가만있는 게 도와주는 거라고 말하는 듯해 속상했다.

괜히 지점으로 지원한 것 같았다. 잘할 수 있으리라 생각했는데 그렇지 않았다. 더 있다가는 동네방네 더 큰 피해만 끼칠 것 같았다. 고민 끝에 사직서를 썼다. 어디서 본 기억은 있어서 흰색 봉투에 검은색 글씨로 '사직서'라는 단어를 아무튼 크게 썼다. 부끄러운 회사생활을 끝내고 싶었다. 내가 사라져야 회사가 더 발전할 것 같았다. 이대로 포기하는 것이 아쉬웠지만 어쩔 도리가 없었다. 내 속사정을 말할 곳도 없고 누구도 나를 위로해주지 않으며 스스로 헤쳐 나갈 자신도 없었다. 수치스러운 모습을 사람들에게 더는 보여주고 싶지 않았다.

사직서를 내기 위해 지점장님을 찾아갔다. 차를 내주시며 무슨 일로 왔는지 물으셨다. 쏟아지려는 눈물을 참고 잠시 주춤하다 용건을 말씀드렸다.

"제가 지점에 도움이 되지 않는 사람 같습니다. 회사 그만두겠습니다."

준비해 간 사직서는 꺼낼 생각도 못하고 슬픈 표정으로 지점 장님께 찾아온 이유를 설명했다. 마음을 털어놓고 나니 속은 좀 시원했다. 그런데 지점장님의 반응이 뜻밖이었다.

"할 수 없지요. 그동안 고생했습니다."

지점장님은 내가 왜 그런 결정을 했는지 이유도 묻지 않으시고 단번에 그러라고 하셨다. 순간 머리가 멍하고 울리며 정신이 번쩍 들었다. '잉, 이게 아닌데……' 다른 말씀은 안 하시고 차만 드시는 지점장님을 보고 있으려니 머릿속이 오만가지 생각으로 복잡해졌다.

'나, 이렇게 나가는 건가?' 퇴사할 결심으로 지점장님을 찾아왔으면서 막상 그러라고 하니 이건 아니다 싶었다. 일을 시작해 보지도 못하고 물러날 수는 없었다. 그깟 계산, 잔돈을 거슬러 주기 전에 다시 한번 확인하면 된다. 전기 전원, 퇴근하기 전에 안 보면 될 일이었다.

"아, 생각해보니까, 다시 한번 노력해 보겠습니다. 못 들으신 걸로 해주세요."

잠시 생각하다 지점장님께 다시 말씀드렸다. 침울했던 내 목소리는 경망스럽게 변해 있었다. 아무리 생각해도 정말 없어 보이는 행동이었다. 그 말을 하면서도 혹시 지점장님이 이미 마음을 굳혀서 이대로 번복 없이 일사천리로 나의 사직서를 수리하실까 봐 조마조마했다.

내 말에 씩 웃으시는 지점장님께 인사를 드리고 황급히 자리로 돌아왔다. 과연 나는 사직서를 냈던 걸까, 내지 않았던 걸까. 잘 모르겠다. 하지만 적어도 한 가지는 알았다. 회사는 어린이집이 아니다. 울면 관심을 주고 보듬어주는 곳이 아니었다.

내가 사직서를 썼던 이유는 진짜 회사를 그만두고 싶어서가 아니라 나 힘드니 나 좀 봐달라는 뜻이었던 것 같았다. 뒤늦게 내 마음을 알았다. 사직서를 북북 찢으며 앞으로는 생각하는 바를 있는 그대로 정확히 표현해야겠다고 결심했다. 투정을 섞어서도 돌려서도 말하지 않으리라 다짐했다. 진짜 어른처럼 행동해야겠다고 생각했다. 지점장님은 그야말로 탁월한 신의 한 수를 두셨다. 나를 어르고 달래셨다면 나는 또 같은 어리광을 부렸을 것이다.

이 기회를 빌려 전하고 싶다. 신임 팀장의 일까지 대신 하느라 애쓴 팀원들, 고수의 기법으로 나를 대하신 지점장님, 모든 분께 진심으로 감사드립니다.

● 경아의 다짐 "나이 들수록 정신도 키우자!" 그리고 "투정은 혼자 있을 때나 부리자!"

인사부 직원이
아침부터 나를 찾아온 이유

과장·중간관리자 시절

　겨우 지각하지 않을 정도로 사무실에 도착하니 분위기가 심상치 않았다. 평소 같으면 시끌벅적한 소리가 복도에서부터 들렸을 텐데 이상하리만큼 아무 소리도 나지 않았다. 사무실에서 자료를 프린트하는 친구도 고객의 문의 전화를 받는 후배도 모두 누군가의 눈치를 살피는 것 같았다.

　"안녕하십니까?"

　사무실 안에 들어서며 늘 하던 대로 큰 소리로 인사했는데 나와 눈이 마주친 친구만 고개를 살짝 숙일 뿐 소리를 내 인사를 받는 사람은 없었다. '무슨 일 있나?' 속으로 이상하다 싶었지만,

딱 거기까지였다. 전날 과하게 마신 술 때문에 정신도 개운치 않았고 속도 울렁거려 복잡한 일은 더 생각하고 싶지 않았다.

"팀장님, 안녕하십니까?"

숙취에 절어 있는 내게 누군가 다가와 인사했다. 본사 인사부 직원이었다. 그 시간에 내가 근무하는 지점에 있을 사람이 아닌데 웬일인가 싶었다.

"아, 네. 그런데 어쩐 일로 이 아침에⋯⋯."

영문을 몰라 묻자 인사부 직원이 나지막하게 말했다.

"일단 회의실로 자리를 옮기시죠."

느낌이 좋지 않았다. 인사부 직원이 사전 예고 없이 지점에 온다는 사실부터가 흔치 않은 일이었다. 게다가 출근하는 나를 낚아채듯 회의실로 오라고 하는 모양이 분명 무언가 사건·사고가 난 것 같았다. 그리고 그 문제에 내가 관련돼 있는 것처럼 보였다. 순간 술이 완전히 깨는 기분이었다.

"팀장님에 대한 제보가 들어왔습니다."

자리에 앉자마자 인사부 직원이 말을 이었다. 내용인즉슨 전날 지점에서 전 사원 야유회가 있었는데 그 자리에서 누군가가 나에게 폭력을 당했다며 당장 조처를 해달라는 연락을 본사 인사부에 했다고 했다. 그 말을 듣는데 언뜻 이해가 가지 않았다. 아무리 생각해도 내가 누군가를 때린 기억이 없는데 도대체 누가 나에게 폭력을 당했다는 건지 알 수가 없었다.

"저에게 폭력을 당한 사람이 있다고요?"

전혀 가늠이 되지 않아 되묻자 인사부 직원이 접수된 내용에 대한 더 자세한 이야기를 하기 시작했다.

'아……' 다 듣고 나서야 상황이 이해되기 시작했다.

전날 야유회에서 여럿이 모여 기분 좋게 술을 마셨다. 업무에 지쳐 있다 야외로 나오니 흥이 한껏 달아올라 평소 말을 많이 못 해본 직원들과도 어울려 밝은 분위기가 이어졌다. 절친한 팀장이 팀원들과 함께 모여있는 것이 보여 그리로 자리로 옮겼고, 그 팀장이 농담 섞인 이야기를 주고받으며 후배 한 명의 뒷머리를 툭 치는 것을 보았다. 그 모습을 보니 갑자기 따라 하고 싶은 마음이 들었다. 두 사람 사이가 정겨워 보여 나 역시 후배와 가까워지고 싶은 마음에서였다. 그런 생각으로 유쾌한 농담을 하며 후배의 머리에 손을 갖다 댔는데 내 행동이 후배의 마음을 상하게 한 모양이었다.

상황을 이해하고 나서 인사부 직원에게 물었다.

"혹시 L팀장에게도 같은 제보가 들어 왔나요?"

인사부 직원은 제보가 접수된 사람은 나뿐이라고 했다. 그 말을 들으니 억울한 생각이 들었다. 내가 누군가를 때린 것은 맞지만 때렸다고 하면 나만 때린 게 아닌데 같이 때렸던 L팀장은 어떻게 해당되지 않았는지 마음이 상했다. 하지만 입이 열 개라도 할 말이 없었다. 의도야 어쨌든 상대방의 기분이 불편했다면 그 책임은 전적으로 나에게 있었다. 나는 인사부 직원에게 내 잘못을 인정했다. 팀장으로서 경솔한 행동을 한 데 대해 죄송하다고 말했다.

"곧 인사위원회가 열릴 겁니다."

인사부 직원은 시무룩해하는 나에게 마지막 한마디를 던지고는 본사로 돌아갔다. 그날 온종일 마음이 너무 무거워서 사무실 밖으로는 한 발짝도 나갈 수 없었다.

다행히 일은 더 커지지 않았다. 그 자리에 있던 다른 후배들이 당시의 화기애애한 분위기에 대해 인사부 직원에게 증언해 주었고, 나를 제보했던 당사자 역시 순간 기분이 좋지 않아 홧김에 제보했다며 며칠 후에 없던 일로 하겠다고 본사에 요청해서 사태는 일단락되었다.

나는 제보 했던 후배에게 연신 미안하다고 사과했다. 친해지고 싶어서 과한 행동을 했을 뿐 다른 의미는 없었다고 몇 번을 반복해서 말했다. 나중에 후배 역시 본인이 오해했다며 미안하다는 말을 했다. 해프닝으로 끝나긴 했지만 생각할 때마다 등골이 서늘해지는, 하마터면 내 이력에 빨간 줄이 갈 뻔한 아찔한 상황이었다.

이미 오래전 일이다. 지금은 있을 수도 또한 있어서도 안 되는 일이다. 그 경험을 통해 리더십은 무턱대고 따라 한다고 내 것이 되지 않는다는 교훈을 얻었다. 당시 나는 지점의 팀장으로 발령받은 지 얼마 되지 않아 리더십에 대한 고민이 컸다. 수백 명 가까운 직원들과 함께하기에 내 모습은 턱없이 부족했다. 경험도 없었고 역량도 모자랐다. 기회가 될 때마다 선배들에게 여쭈어 이론적으로는 어떻게 해야 하는지 알고 있었지만, 실상은 달랐다.

그래서 찾은 방법이 벤치마킹, 쉽게 말해 무턱대고 따라 하기였다. 같은 직급의 팀장이 후배들에게 하는 행동을 보고 내 눈에 좋아 보이면 그대로 해보며 내 스타일을 만들어 나가려 애썼다. 야유회에서 있었던 일도 같은 고민의 연장선에서 나온 행동이었다.

뒤늦게 알게 된 당시에는 몰랐던 점이 있다. 진정한 리더십은 행동으로 보여주는 게 아니라 마음으로 전해져야 했다. 같은 행동을 했음에도 L팀장이 문제 되지 않았던 이유는 L팀장과 제보한 후배 사이에는 끈끈한 유대감이 있었기 때문이었다. 오랫동안 함께 근무하며 마음을 나눈 탓에 둘 사이에는 더한 행동을 해도 기분 상하지 않을 만한 신뢰가 쌓여 있었다. 후배와 별로 친하지도 않은 내가 감히 따라 할 수는 없었다. 같은 행동이었지만 그 안에 담긴 마음의 깊이를 후배는 알았을 터다.

이 기회를 빌려 다시 한번 전하고 싶다. 그때 내 편을 들어준 후배들, 앞뒤 구분 못하는 팀장 때문에 맘고생 하셨던 지점장님, 누구보다 제보를 취하해 준 K사원. 모든 분께 진심으로 감사드립니다.

● 경아의 다짐 "누울 자리 보고 발을 뻗자!" 그리고 "술은 정신줄 놓기 직전까지만 마시자!"

니가 왜

거기서 나와

부장·관리자 시절

벌써 한 시간째 지점장실에 갇혀 있으려니 죽을 맛이었다. 늦은 저녁이라 머리 회전도 둔해져서 커피도 마시고 화장실에도 가고 싶었지만 나갈 수가 없었다. 어디로 가려 해도 부서 사무실을 지나야 하는데 내가 부서 사무실로 나가면 안 되는 피치 못할 사정이 있었다.

지점에서 근무하며 가장 힘든 일 중 하나가 고객 컴플레인 처리였다. 고객 컴플레인의 대부분은 지점이 고객에게 불편을 끼쳐 고객이 화를 내는 경우지만, 더러는 고객이 오해하거나 반대로 고객이 실수를 했으면서도 지점에 책임을 지라고 요구하는 경우도 적지 않았다. 어느 쪽이든 지점을 방문하는 고객에게 감사의 마음으로 편의를 제공해야 한다는 정신만큼은 잊지 않았다.

고객 컴플레인을 해결하는 데는 나만의 방식이 있었다. 처음부터 지점장인 내가 나서는 법은 없었다. 컴플레인이 접수되면 가장 처음으로는 담당자가 응대하고, 그 선에서 마무리되지 않으면 상급자로 올라가는 방식이었다. 그래야 모두가 고객에 대해 책임감을 가진다고 생각했고, 유사시를 대비해 최후의 보루는 있어야 한다고 판단했다. 그 때문에 여러 단계를 거쳐 지점장인 나에게까지 올라오는 컴플레인은 응대가 쉽지 않았다. 고성을 지르는 분도 계셨고 물건을 집어 던지거나 심한 욕설을 퍼붓는 분도 계셨다.

그러던 어느 날, 퇴근이 가까운 시각에 부지점장을 찾았다. 내 말을 들은 사원 한 명이 부지점장이 고객 컴플레인 응대 중이라고 답했다. 언제부터인지를 묻자 한 시간 가까이 되었다고 말했다. 촉이 왔다. 스윗한 성격의 부지점장이 한 시간 가까이 고객을 만나고 있는데도 아직 얘기 중이라면 다음은 내 차례였다. 어떻게든 부지점장이 본인 선에서 최선을 다하려는 마음이 느껴졌지만 여의찮은 것 같았다. 퇴근할 마음을 접고 다시 자리에 앉았는데, 예상대로 부지점장에게 전화가 왔다. 낮은 목소리로 현재 있는 위치를 알려주며 오실 수 있는지를 물었다. 고객의 불편 사항에 대해서도 간략히 설명했다. 알겠다고 대답하고 고객이 계신 곳으로 향했다.

"안녕하십니까? 지점장입니다."
　고객을 만나 첫인사를 드리자마자 고객이 나를 향해 고함을 질렀다.
"지점장 나오라고! 지점장!"
　내 인사를 못 들으셨는지 고객이 다시 지점장을 찾으셨다.
"네. 제가 지점장입니다. 고객님이 찾으신 지점장이 바로 저입니다."
　분명하게 대답했음에도 같은 말이 돌아왔다.
"아니, 당신 말고! 지점장 나오라고!"
　정말 코미디 같았다. 고객이 지점장을 찾아 지점장이 나갔는데 당신 말고 다른 지점장을 나오라고 하는 이 상황이 우스꽝스러웠다.
"네. 제가 지점장입니다! 말씀하세요!"
　나의 목소리도 고객의 목소리와 비례하여 커졌다.
"당신하고는 말하고 싶지 않으니 지점장 나오라고!"
　이쯤 하니 슬슬 화가 났다. 더 말할 필요도 없어 보였다. 나와는 말씀하시기 싫은 듯했다. 나는 고객에게 분명한 어조로 다시 말씀드렸다.

"제가 고객님이 찾으시는 지점장입니다. 저 말고 다른 지점장
은 저희 지점에 없습니다. 찾으셔서 나왔는데 고객님께서는 저
와는 말씀하실 의사가 없으신 것 같네요. 그렇다면 도와드릴 방
법이 없습니다. 하실 말씀 없으시면 저 이만 가봐도 되겠습니까?"

그 말을 하고 잠시 눈치를 살폈는데 고객의 표정이 어안이 벙
벙해 보였다. 속으로 빠르게 뭔가 고민하는 것처럼도 느껴졌다.
잠시 침묵이 흘렀다.

"네. 그럼 고객님께서 지점장인 저와는 말씀하고 싶어 하지
않으시는 줄로 알고 이만 돌아가겠습니다. 마지막으로 저희 지
점에서 불편을 겪으시게 되어 대단히 죄송합니다."

그 말을 끝으로 쌩하니 뒤도 돌아보지 않고 내 자리로 향했
다. 말하면서도 내가 자동응답 로봇 같다고 생각했다. 뒤에서 한
참 멍하니 서 있는 두 사람의 모습이 그려졌다.

자리로 돌아와 잠시 감정을 식히며 앉아 있는데 파티션 너머
로 고객의 목소리가 들렸다. 부지점장이 고객을 모시고 사무실
한편에 있는 접객실로 들어가는 것 같았다.

"아니, 무슨 지점장이 저러냐고!"

고객이 부지점장에게 나에 대한 불만을 토로했다. 고객이 애초에 느꼈던 불편은 잊은 듯했다. 나를 만난 이후 고객의 머리에는 이 지점의 지점장에게 받은 황당한 대우만 남은 듯했다.

차라리 잘됐다 싶었다. 어쨌든 저녁까지 사원들을 애먹인 컴플레인이 끝이 났으니. 고객이 느꼈던 불편도 내 판단으로는 오해에서 비롯되었다고 보였기에 더 다행이라고 여겨졌다.

"미안합니다. 조심할게요."

한참 후에 고객이 돌아가고 난 후 기진맥진해 있는 부지점장에게 내가 말했다. 부지점장은 나 때문에 두 시간 가까이 고객의 불평을 더 들어야 했다. 어느새 처지가 달라져 언뜻 들리는 부지점장의 목소리를 들으면, 내게 상처받은 고객을 위로하는 듯했다. 내가 그 정도였나 싶은 생각이 들었지만 잘 끝나 다행이라고 생각했다.

"상무님께서 아시면 걱정하시겠네요."

부지점장은 평소 고객 제일주의를 강조하시는 상사 이야기를 꺼냈다. 아시면 내가 회사 이미지에 먹칠했다고 생각하실 거라 여기는 듯했다.

'내가 그렇게 잘못했나?' 나와 대화를 거부하는 고객에게는 별도리가 없다고 생각하면서도 마음이 아주 개운하지만은 않았다.

"고생했어요. 치맥이나 합시다!"

그 말에 못 들은 척 화제를 돌리며 부지점장에게 말했다. 그 밤의 맥주는 내 인생에서 가장 톡 쏘는 맛이었다.

● 경아의 다짐 "감정 다스려라! 후배 덜 고생시키려면!" 그리고 "인내해라! 열매를 맛보려면!"

회사 밖 삶 준비가
막막한 사람이라면 한 번쯤 읽어봐도 좋을

경아로운 인생플랜

"회사 밖 삶 준비는
회사 안에서부터!"

얼마 전 절친했던 동기가 휴대폰으로 사진 한 장을 보내왔다. 입사일을 기념하는 저녁 식사 모임에 다른 동기들이 참석한 모습이 담겨 있었다. 오랜만에 보는 얼굴들이라 반가운 마음에 어떤 모습으로 바뀌었는지 찬찬히 보고 있는데 미처 초대하지 못해 미안하다는 문자가 뒤이어 도착했다. 괜찮다고 답하고는 보다 멈춘 동기들의 얼굴을 다시 보았다. 그런데 이상한 점이 있었다.

한 사람이 보이지 않았다. 나와 가장 가깝게 지냈던 K부장이었다. 사람들과 어울리기를 좋아해 웬만한 모임에는 빠지지 않는 성격인데 무슨 일이 있는지 궁금했다. 내가 퇴직한 후에도 연락하고 지내는 몇 안 되는 사람 중 한 명이었는데 생각해보니 서로 통화를 안 한 지도 꽤 된 것 같았다.

"어! 상무님!"

다음 날 전화를 해보니 K부장이 헐떡거리며 전화를 받았다. 과격한 일을 하다 전화를 받는 분위기였다. 거친 목소리 안에서 나를 반가워하는 마음이 느껴져 기분이 좋아졌다.

"근무 중이에요?"

지점 현장에서 일하다 전화를 받은 것 같아 통화가 괜찮은지를 먼저 물었다. K부장은 가능하다고 대답하며 어떻게 지내는지 묻는 나의 물음에 본인의 근황을 이야기하기 시작했다. K부장의 이야기를 듣고 깜짝 놀랐다.

K부장은 나와 연락 없이 지내던 동안 정년퇴직을 했다고 했다. 나와 동기이긴 해도 나보다 나이가 많아 입버릇처럼 회사에 있을 수 있는 시간도 얼마 남지 않았다는 말을 하고는 했는데 드디어 때를 맞은 것 같았다. 어렴풋이 기억은 했지만 내 앞가림 하기도 바빠 미처 안부 연락을 하지 못했었다. K부장 역시 내게 소식을 전하기가 부담이었던 것 같았다. 무슨 말을 해야 할지 잠시 머뭇거리고 있는데 K부장이 말했다.

"그때 나한테 잔소리 좀 더하지 그랬어!"

뜬금없는 말이 어디서 나왔나 생각해보니 정년퇴직 전에 K부장이 나와 몇 차례 했던 통화 내용을 말하는 것 같았다. 내가 퇴직한 후에도 K부장은 업무적인 고민이 생기면 나에게 전화를 했다. 내 업무 성향을 아는 K부장은 내게 조언을 구하는 일이 잦았다. 대부분 통화의 끝은 업무와는 무관한 이야기였다. K부장의 회사 내 위치상 더는 일할 때가 아니니 제발 본인의 앞날을 준비하라는 나의 충고였다. 퇴직이 얼마 남지 않은 상황에서도 업무에만 몰두하는 K부장의 모습이 늘 걱정스러웠다. 나름의 준비는 하고 있다는 K부장의 대답에도 믿음이 가지 않았다. 워낙 책임감이 강하고 일 욕심도 많은 성격이라 당시에는 내 말을 그냥 허투루 듣는 것 같더니 뒤늦게 회사를 나와 절실하게 느끼는 것처럼 보였다. 조만간 식사나 하자며 전화를 끊는데 마음이 편치 않았다.

우연히도 얼마 뒤에 아끼는 후배한테 안부 전화가 왔다. 몇 년 전 부장으로 승진하고 한참 일에 빠져 지낸다고 했다. K부장이 생각나 혹시 일 외에 다른 준비를 하고 있는지 조심스럽게 묻자 후배가 대답했다.

"벌써요?"

관심은 있는 듯 보여 더 말하려는 찰나 후배가 말을 이었다.

"회사에서 하는 데까지 해보려고요."

후배는 임원을 염두에 두고 있는 듯했다. 그 말에 더는 무어라 할 수 없었다. 우선은 후배가 노력만으로는 원하는 자리에 오르기 쉽지 않겠다는 생각이 들었고 오른다 해도 그 이후에 대해서는 생각조차 못하는 것 같아 안타까웠다. 하지만 달리 도리가 없었다. 더 이야기한다면 응원은 못 할망정 꿈을 꺾는 것처럼 비칠 것 같았다.

K부장과 후배는 10년 차이다. 그리 길지 않은 10년이라는 시간 동안 후배가 별다른 준비를 하지 못한다면 후배 역시 나와 K부장처럼 막막하게 두 번째 인생을 시작하게 될 것이다. 후배의 바람대로 후배가 임원이 된다 한들 회사 밖 삶을 위한 별도의 준비가 없다면 회사를 나온 후에 방황하게 될 것이 뻔하다.

후배가 직장생활을 인생의 종착지처럼 생각하는 것도, 더욱이 임원만 되면 두 번째 인생은 어지간하면 준비하지 않아도 된다고 생각하는 것도 위험해 보였다. 어디서부터 어떻게 바로 잡아 주어야 할지 판단이 서지 않았다. 어쩌면 후배 역시 10년 후에 왜 지난날 본인에게 더 강력하게 회사 밖 삶을 준비하라고 권하지 않았느냐며 나를 원망할 것 같았다.

왜 사람은 겪어봐야 아는 걸까?

왜 누군가의 걱정 어린 한 마디로는 마음을 바꾸지 못하는 걸까?

회사를 떠난 후에 뼈저리게 후회하는 점이 회사에 있는 동안 회사 밖 삶을 제대로 준비하지 못했다는 점이었다. 과거의 나처럼 아직도 별 고민 없이 지내는 후배들을 보면 안타깝기만 하다. 어차피 나는 돌이킬 수 없다고 해도 인생 후배들만큼은 불필요한 경험을 답습하지 않았으면 좋겠다.

그래서 아직 회사 안에 있는 후배를 만날 때나 SNS나 강연 등에서 직장인들을 대상으로 이야기할 기회가 생기면 "회사 안에서부터 회사 밖 삶을 설계하라"고 목 놓아 외친다. 흡사 인생 설계 전도사처럼 누가 묻지 않아도 꼭 잊지 않고 말한다. 그럴 때마다 듣는 말이 막연하다는 대답이었다. 준비할 필요성은 느끼지만 구체적으로 어떻게 준비해야 해야 하는지 모르겠다고들 말한다.

그래서 준비했다. 회사 안 삶과 회사 밖 삶을 연결하는 연령대별 인생플랜을. 회사 안 삶이건 회사 밖 삶이건, 살면서 겪게 되는 고민은 연령대마다 다를 수밖에 없다. 연령대 외에도 개개인이 처한 위치나 상황에 차이가 있어 맞춤형 방향 제시는 불가능하지만, 많은 후배들에게 들었던 고민을 추려 20대부터 50대까지의 연령대별 인생플랜 설계법을 적어보았다.

　분명 우리의 삶에서 회사가 전부는 아니다. 회사를 떠난 후에도, 회사를 떠나기 전까지 살아온 시간만큼을 더 살아야 한다는 사실을 기억했으면 좋겠다. 회사 안에서 사는 동안 해야 하는 일이 회사의 업무만은 아니다. 언제가 반드시 맞게 될 회사 밖 삶을 준비하는 일이야말로, 프로직장인을 넘어 프로인생러가 되기 위한 필수 과제이다. 부디 나의 진심이 회사 밖 준비를 해야 하는 인생 후배들에게 꼭 전해지길 바란다.

경아로운
인생플랜 20대

Q. 꿈도 많고 성공에 대한 야망도 많은 20대 사회초년생입니다. 다른 사람보다 활약하는 20대를 보내고 싶은데 모든 것이 처음이다 보니 어떻게 해야 할지 방향을 잡을 수 없을 때가 많습니다. 일을 하면서도 내가 잘하고 있는지도 잘 모르겠고요. 모든 것이 미숙한 20대를 어떻게 보내야 할까요?

경아로운 생각

20대라는 말만 들어도 역동적인 에너지를 느끼는 사람이 저뿐만은 아닐 겁니다. 그야말로 본격적인 인생의 출발점에 서 있는 희망 가득한 시기이지요. 가까운 미래에 대한민국을 이끌고 나갈 기대주인 만큼 20대에게 거는 기성세대의 관심과 애정은 높습니다. 20대가 조금 실수하거나 조금 부족하더라도 기성세대가 관대하게 대응하는 이유는 그 때문입니다. 책이나 인터넷을 검색하면 20대를 위한 인생 선배들의 조언도 쉽게 찾을 수 있는데요, 저는 특별히 20대를 마감하는 시점에 여러분이 가졌으면 하는 두 가지에 관해 이야기하려 합니다.

첫 번째는 삶의 방향성을 정해야 합니다. 20대에 겪는 모든 경험들은 앞으로의 삶을 어떻게 살지 방향을 결정하는 수단으로 활용하셔야 합니다. 따라서 여러분 행동에 목적과 의미를 담기를 바랍니다.

자기계발서에서 흔히 보는 '20대에 해야 하는 n가지'와 같은 지침을 실천할 때도 마찬가지입니다. 행동 자체에 집중해 실천 과정에서 얻어야 할 핵심을 잊는다면 시간 낭비에 지나지 않을 수도 있으니까요. 20대에 시도하고 싶은 행동 지침이 있다면 핵심을 파악해 최대한 도전하고 경험하시길 바랍니다. 얼마든지 실수해도 괜찮고, 더러는 완수하지 못해도 괜찮습니다. 그 과정에서 배우는 무언가가 있다면 그 이상의 가치가 있습니다.

두 번째는 보이는 것에서 보이지 않는 교훈을 얻을 수 있어야 합니다. 보이는 것은 누구나 볼 수 있습니다. 진짜 실력은 보이지 않는 것을 통찰하고 이를 적용할 수 있는 지점을 찾는 데서 쌓이기 시작합니다. 예를 들어 기성세대의 20대 여러분에 대한 너그러운 시각은 인정이 아니라 인내의 배려임을 깨달을 수 있어야 합니다. 자칫 면죄부로 오해한다면 여러분의 성장은 더뎌질 것입니다. 성공한 사람들의 닮고 싶은 삶도 운이나 재능이 아니라 성공하기까지 흘렸던 땀과 인내의 결실임을 볼 줄 알아야 합니다. 그래야 단순한 부러움을 너머 그들의 삶처럼 되겠다는 의지와 실천력을 가질 수 있습니다.

인생 전체로 보면 20대는 인생 여정을 위한 방향키를 설정해 본격적으로 앞으로 나아가는 시기입니다. 목적지 탐색을 끝내고 반드시 그곳에 도착하고 말겠다는 열망을 다지는 시기입니다. 그렇다면 어떻게 나아갈 방향을 설정할 수 있을까요?

경아로운 경험

제가 임원 시절에 H사원이 저를 찾아왔습니다. 저와는 워낙 나이 차이가 크게 나, 오가는 인사 외에 깊은 대화를 나눈 적은 없는 사이였습니다. 문자로 고민 상담을 원한다는 연락을 받고 약속을 정했는데, 만나기 전까지 걱정이 되었습니다. 후배들의 고충은 당연히 선배인 제가 챙겨야 할 몫이니까요. 그런데 무엇이 고민인지 묻는 저의 물음에 대한 후배의 첫 마디에 크게 당황했습니다.

"회사에 도대체 닮고 싶은 사람이 없어요."

후배는 회사에서 열심히 일해서 인정받고 싶은데 본인 주변에 있는 사람 중에는 닮고 싶은 사람이 없어 보고 배울 수가 없다고 말했습니다. 닮고 싶은 사람이 있어야 노력이라도 할 텐데 그럴 수 없어 불만이라고 했습니다. 직속 팀장에게도 같은 고민을 말해보았냐는 질문에는 그럴 필요가 없을 것 같다고 답했습니다. 그 말을 듣고 있는데 마음이 불편해졌습니다. 평소 후배의 불성실한 근무태도를 알고 있었기 때문입니다. 협업이 필요한 업무를 할 때도 자기주장만을 내세워 다른 사원들이 힘들어한다는 내용을 들은 적도 있었습니다. 그런데도 본인의 행동은 돌아보지 않고 남 탓만 하며 자신은 정당화하는 것이 못마땅했습니다.

후배의 이야기를 듣고 제가 후배에게 해준 말은 세 가지였습니다.

"그럼 H가 누군가의 롤모델이 되어 보는 건 어때? 이참에 새로운 모델상을 만들어보면 좋을 것 같아. 자기의 방향성은 누가 만들어 주지 않거든."

그 말에 후배는 실망한 표정으로 돌아갔습니다. 이후로도 태도가 바뀌지 않았음은 물론 머지않아 새로운 부서로 자원하여 근무지를 옮겼습니다. 본인이 먼저 움직이고 배우려는 마음이 없다면 금은보화도 빛을 잃는 곳이 세상입니다.

30대부터 속도감 있는 인생을 살기 위해서라도 20대에 인생에 대한 방향 설정을 마쳐야 합니다. 인생의 방향 설정에 기본이 되는 다음 3가지를 먼저 숙지하길 권합니다.

첫째, 내가 어떤 사람인지 알아야 합니다. 여러분 모두는 각자가 소중한 존재입니다. 이 사실을 잊지 않으셨으면 좋겠습니다. 다만 사회에 첫발을 디딘 후에는 이 점이 느껴지지 않을 수 있습니다. 조직이란 거대한 퍼즐에서 내가 담당하는 역할이 구석의 민무늬 조각일 수도 있습니다. 그렇다 하더라도 실망하지 않으셨으면 좋겠습니다. 왜 내 능력을 몰라주냐며 한탄하지도 않았으면 좋겠습니다. 차라리 그 시간에 자신이 어떤 사람인지 스스로 파악하려는 노력을 하기를 바랍니다.

의외로 나조차 나를 모를 때가 허다합니다. 적어도 자신이 무엇을 좋아하는지, 내가 가진 특장점은 무엇인지, 단점은 어떻게 보완할 것인지, 여러분을 이루고 있는 뼈대에 대해서는 꿰뚫고 있어야 합니다. 내 특성을 정확히 파악해두어야 끊임없이 보완하고 성장하는 인생을 살아갈 수 있습니다. 본인을 과대평가하는 것도 반대로 과소평가하는 것도 옳지 않습니다. 있는 그대로의 자신을 바라보는 객관적인 시각을 가져야 합니다.

둘째, 여러분이 속한 조직을 이해하셨으면 좋겠습니다. 앞으로 여러분은 크든 작든 조직 안에서 살아가게 될 것입니다. 여러분이 소속된 조직의 특성과 그 조직이 요구하는 바람직한 자세와 역할을 파악하시길 바랍니다. 내가 활동할 무대를 심도 있게 알 필요가 있습니다. 상대방을 알수록 내 지략의 성공률이 높아지니까요. 이 과정이 충분치 않으면 현상을 곡해하거나 부분을 일반화하는 오류를 범하게 되어 섣부른 행동을 하게 됩니다. 섣부른 행동이 잦으면 경솔한 이미지가 만들어져 많은 기회를 놓칠 수도 있음을 잊지 마세요. 또한 사회의 변화를 읽는 혜안도 가져야 합니다. 10년 전에는 활황기였으나 지금은 쇠퇴기에 접어든 산업이 꽤 있습니다. 현재의 사회 모습뿐 아니라 앞으로의 흐름도 감지해야 시대착오적 삶을 살지 않습니다.

저는 종이 신문을 추천해 드리고 싶습니다. 여러분 취향에 맞게 걸러진 정보가 아니라 다양한 관점의 정보를 접해야 넓은 시각을 가질 수 있고 정보를 취사선택하는 힘도 기를 수 있습니다. 번거롭더라도 꾸준히 보셨으면 좋겠습니다. 편중된 정보만 접하다 보면 여러분이 정한 인생의 최종 목적지가 도착해보니 이미 쓸모없는 불모지로 변해 있을 수 있습니다.

셋째, 롤모델과 멘토를 찾으시길 바랍니다. 목적지까지 가려면 중간중간 이정표가 있어야 합니다. 그래야 흔들리지 않고 흔들리더라도 다시 제 길을 찾아갈 수 있습니다. 롤모델과 멘토가 그 역할을 할 것입니다.

롤모델이 꼭 가까운 사람이나 현대의 인물이 아니어도 괜찮습니다. 롤모델을 통해 그들이 성공하기까지 가졌던 삶의 자세를 배웠으면 좋겠습니다. 여러분이 롤모델의 자세를 본받으려 노력하다 보면 어느 순간 롤모델을 닮아 있는 자신을 발견할 수 있을 것입니다. 혹시 롤모델의 모습 중 마음에 들지 않는 구석이 있다면 관점을 달리해 보시길 바랍니다. '저런 모습이 있었네. 별로야'

가 아니라 '저런 모습도 있었네. 이렇게 극복했네'라는 차원으로요. 어떤 경우에도 배움이 없는 상황은 없습니다. 여러분에게 도움이 되도록 긍정적으로 해석하는 태도가 중요합니다. 그리고 실천을 통해 좋은 태도를 습관화하세요. 20대에 몸에 밴 좋은 습관은 시간이 지날수록 다른 사람과 막강한 차이를 만들어 줍니다. 아울러 멘토는 여러분을 가까운 곳에서 도와줄 존재입니다. 여러분의 목표를 공유하고 적절한 시점에 코칭을 받고 힘과 위로를 얻는다면, 여러분의 인생길이 혼자가 아니라는 느낌을 받고 힘든 순간을 훨씬 수월하게 넘길 수 있습니다.

결론적으로 20대는 여러분의 인생 계획의 방향을 정하는 시기입니다. 경험하는 모든 일에서 배움을 찾아 방향 수립과 역량 개발에 활용하세요. 지금 나의 행동이 나의 미래를 결정합니다. 차근차근히 실천해간다면 찬란한 미래는 여러분의 것이 될 것입니다.

경아로운
인생플랜 30대

Q. 30대 초반 직장인입니다. 직장에서의 적응도 어느 정도 마쳤고 생활도 점차 안정되어가고 있습니다. 이제 일도 좋지만 제 삶에 대해 고민하고 싶습니다. 당장은 힘들더라도 더 나은 미래를 위해 무언가를 준비하고 싶습니다. 무엇을 어떻게 준비하면 좋을까요?

경아로운 생각

30대는 인생에서 가장 바쁘고 왕성하게 활동하는 시기입니다. 사회적으로도 개인적으로도 자신감이 높아지며 결혼, 이직, 사업과 같은 인생의 중요한 결정을 내리는 시기이기도 합니다. 한꺼번에 여러 가지 일들을 해나가면서 새로운 틀을 짜고 미래의 꿈을 현실화하는 귀중한 시기라고 할 수 있습니다.

30대가 중요한 이유는 30대의 행보에 따라 미래가 정해지기 때문입니다. 30대에 별다른 노력을 하지 않았는데 40, 50대에 갑자기 성공을 거두는 사람은 없습니다. 30대에 흘린 땀은 앞으로의 삶의 모습과 연결됩니다. 따라서 30대는 짜임새 있는 계획에 따라 움직여야 합니다. 앞서 20대에 방향을 설정하셨다면 30대는 이를 구체적으로 발전시켜 실행에 돌입하셔야 하는 시기입니다. 많은 기회와 경험을 접할 수 있는 시기인 만큼 최대한 발 빠르게 행동하시길 바랍니다.

30대는 다른 시기에 비해 그나마 환경적 부담이 덜하고 설령 실패하더라도 다시 일어설 수 있는 회복력이 있으므로 사업, 전직 등 인생의 전환점이 되는 결정을 하기에도 좋은 시기입니다. 잘 준비하셔서 한 단계 도약하는 인생의 발판을 마련하시길 바랍니다. 그 과정에서 두 가지를 놓치지 않으셨으면 좋겠습니다.

첫째, 과욕은 금물입니다. 도전과 패기, 다 좋습니다만 여러분이 하려는 선택이 혹시 지나친 욕심에서 비롯되지는 않았는지 돌아보시길 바랍니다. 어떤 일이든 성실과 꾸준함을 담아야 합니다. '인생 한 방'은 세상에 통하지 않습니다.

둘째, 윤리적이야 합니다. 30대는 많은 기회와 경험의 반대급부로 유혹과 욕구도 많아지는 시기입니다. 스스로 세상을 웬만큼 알았다고 생각하고 자신감도 쌓인 탓에 자칫 성급한 결정을 하거나 좋지 않은 분위기에 휩쓸릴 수도 있습니다. 순간의 그릇된 판단으로 애써 쌓은 노고가 순식간에 무너지고 불필요한 대가를 치르지 않도록 주의하시길 바랍니다.

그렇다면 인생의 승패가 갈린다고 해도 과언이 아닐 만큼 중요한 30대의 인생계획은 어떻게 수립해야 할까요?

경이로운 경험

저는 30대 초반에 이직한 경험이 있습니다. 패션그룹에서 디자인 실장으로 근무하다 유통그룹의 머천다이저(MD)로 회사를 옮겼습니다. 평소 원하던 일을 하게 되어 매우 기뻤습니다. 두 업무는 MD라는 뿌리는 같지만, 역할이 달라서 처음부터 일을 다시 배워야 했습니다. 그래도 전혀 힘들지 않았습니다. 저에 대한 회사의 관심과 기대가 큰 만큼 어떻게든 성과를 내고 싶다는 생각밖에 없었습니다. 일도 제 적성에 잘 맞았고 노력한 만큼 성과도 나서 일을 하면서도 신났습니다.

하지만 안타깝게도 그때부터 제 삶의 균형이 깨지기 시작했습니다. 새로 시작한 일이 녹록지 않았거든요. 옮겨간 조직에서 접하는 모든 상황에 새롭게 적응해야 했습니다. 조직문화, 업무시스템, 대인관계 등 일뿐만 아니라 일을 둘러싼 여타의 사항들을 동시에 익혀야 했습니다. 환경이 완전히 달라진 탓에 기존 회사에서 업무에 투자했던 시간만으로는 업무를 감당할 수가 없었습니다. 새로운 일에 무조건 적응하고 성과를 내고 싶다는 생각에 제 대부분 시간을 회사에 쏟아부을 수밖에 없었습니다.

일에 몰두하는 동안에도 순간순간 인생에서 놓아서는 안 되는 중요한 일들을 놓치고 있다는 생각이 들었지만 '당분간'이라는 말로 저를 설득했습니다. 그러는 사이 점점 둔감해져 '당분간'이 '영영'이 되었고, 결국 퇴직 시점에는 제 삶의 균형이 완전히 무너져 있었습니다.

분명 구체적인 계획과 남다른 실행력으로 일의 결과만 보면 자랑할만한 성과를 거두었지만, 그럼에도 저의 30대는 제 인생에 후회로 남았습니다. 실제 30대에 놓쳤던 일 중 몇 가지가 오랫동안 제 발목을 잡았고, 일부는 아직 회복하지 못해 여전히 노력 중이기도 합니다. 시간이 흐르고 나서야 깨달았습니다. 저의 계획에 문제가 있었다는 사실을요.

경이로운 솔루션

후회 없는 성공을 이루기 위한 30대 인생계획을 수립하는 방법으로 추천드리고 싶은 것은 '중장기 연령대별 인생플랜' 작성입니다.

'중장기 연령대별 인생플랜'이라는 말만 들으면 그게 뭐지 싶지만, 막상 해보면 익숙하실 겁니다. 학창시절에 많이 해보셨을 테니까요. 우선 가로축에는 개인적, 사회적으로 여러분이 중요하다고 생각되는 카테고리를 적어 넣으세요. 일, 가족, 재정, 건강, 자기계발 등이 그 예입니다. 정하셨다면 세로축 가장 왼쪽에 연령을 적어 넣으세요. 상단부터 하단까지 순서대로 30대, 40대, 50대로 적어 넣으면 됩니다.

그렇게 가로축, 세로축을 구분해 만든 표에 여러분의 30대에서 50대에 걸친 중장기 인생계획을 세우시면 됩니다. 원하는 이상향을 표현하는 키워드 한 단어와 그를 위해 어떤 실행을 할지 서너 가지를 기재하시면 됩니다.

이렇게 작성한 계획표를 가까운 곳에 두고 주기적으로 상기하시기 바랍니다.

핵심은 균형과 실행입니다. 구분된 카테고리를 어떤 비중으로 실천할 것인지도 함께 기재하시길 바랍니다. 시기적으로 일부 비중이 달라질 수는 있어도 큰 틀에서 벗어나지 않도록 주의하세요. 균형이 깨지는 가장 큰 이유는 알면서도 눈을 감기 때문입니다. 더 중요한 일에 집중해야 한다는 핑계로 내 행동을 정당화합니다. 당장 덜 필요해 보여 언젠가 느껴질 고통은 잊고 싶은 것이지요. 조금 더 꾀를 내고 싶은 건지도 모릅니다. 여유 시간을 생산적이지 않은 일에 쏟거나 게으름을 피우고 싶을 수도 있습니다. 하지만 그렇다면 40대 이후 풍족한 삶은 포기하셔야 합니다. 30대는 20대에 살았던 열심보다 갑절로 힘을 내셔야 합니다. 절대로 실행 없는 성공은 없습니다. 아울러 작성한 계획을 주기적으로 얼마나 실행했는지도 점검하시길 바랍니다. 목표한 기간 안에 달성하지 못했다면 다음 구간으로 이월하여 진행하시길 바랍니다. 실천 여부 점검을 습관화해야 의지를 다지고 행동력을 높일 수 있습니다.

두 번째로 버킷리스트를 만들길 바랍니다. 중장기 연령대별 인생플랜에는 담지 못하는 일, 여러분의 가슴을 뛰게 하는 일을 담으세요. 또 다른 의미의 행복과 만족을 가져다줄 겁니다. 주기는 5년 또는 10년을 추천해 드리고 6개월 단위로 점검하시면 좋습니다. 중장기 연령대별 인생플랜과 버킷리스트의 우선순위가 바뀌지 않도록 주의하시길 바랍니다. 중장기 연령대별 인생플랜의 내용 중 '이 사항을 모두 끝내면 이 버킷리스트를 실행하겠다'라는 식으로 자신과의 약속을 정하시는 것도 좋습니다. 여러분이 다시 힘을 내고 달려가는 데 도움이 될 것입니다.

세 번째로 장기계획을 별도로 수립하시길 바랍니다. 살다 보면 눈앞의 당장 급한 일에 집중한 나머지 장기적인 계획은 뒤로 미루게 됩니다. 인생은 언제 어떻게 변할지 모르므로 미리 준비해야 합니다.

장기계획은 여러분이 '어떤 회사'에 다니는 사람이냐가 아니라 '어떤 일'을 하는 사람인지 설명할 수 있는 영역이면 좋습니다. 외국어든 어떤 분야의 라이선스 등 최소 5년에서 10년의 시간을 투자해야만 이룰 수 있는 목표를 가지시길 바랍니다. 설령 상황이 변해 30대, 40대에

중장기 연령대별 인생플랜의 예

연령 영역	30대	40대	50대

회사
(60%)
	인정받는 중간 관리자
	- 팀 프로젝트 성공
	- 업무플로우 세팅
	- 개인평가 A/B,
	  각 1개
		임원 후보 1순위
		- 매년 히트상품 개발
		- 협력사 콜라보 사업
		  추진
		- 신규 사업 기획안
		  제안
			프로 N잡러
			- 커리어 컨설턴트
			- 작가: 출간, 독서모
			  임 운영
			- 강사: 글쓰기, 커리
			  어 콘텐츠

가족 (15%)	**친구 같은 파트너** - 주 3회 함께 식사 - 월 1회 문화생활 - 월 1회 본가 방문	**조력하는 동반자** - 매일 응원 메시지 - 주 2회 함께 식사 - 월 1회 캠핑	**편안한 휴식처** - 주 5회 함께 식사 - 동호회 동반 가입 - 연 2회 국내여행
재정	**전세대출 상환** - 월 적금 1백만 원 - 주 1회 이하 외식 - 자동차 10년 타기	**주택 구입** - 수도권 30평대 - 주택대출 상환 종료 - 수입 5% 현금 보유	**소득 파이프라인 구축** - 거주 주택 축소 - 퇴직금 은행 예치 - 수익형 블로그 운영
건강 (10%)	**체지방률 20% 유지** - 식단관리 - 주 3회 30분 러닝 - 주 1회 60분 자전거	**하프 마라톤 대회 출전** - 달리기 주 3회 30분 - 수영 주 3회 30분 - 마라톤 동호회 가입	**신진대사 나이 -7세 유지** - 유산소 운동 주 3회 60분 - 근력운동 주 3회 30분 - 물 매일 2리터
자기 계발 (15%)	**중국어 초급 수준** - 출퇴근 시 영상 시청 - 주 5회 30분 학습 - 스터디 그룹 참여	**중국어 고급 수준** - 주 5회 30분 학습 - 스터디 동호회 운영 - 프리랜서 강의	**중국어 마스터** - 유튜브 번역 - 관광 가이드 활동 - 프리랜서 강의

만족할만한 위치에 도달하지 못하더라도 장기계획이 이후 인생을 다시 출발하기 위한 시발점이 될 수 있습니다. 단기간에 습득할 수 있는 영역은 경쟁자가 많을 수밖에 없습니다. 경쟁자를 압도하고 차별화하려면 오랜 시간과 노력이 드는 일에 자신을 투자하셔야 합니다. 결론적으로 30대는 계획의 실행에 본격적으로 집중해야 할 때입니다. 30대를 넘어서면서부터는 각자의 능력이 드러나며 성공과 실패가 판가름 나기 시작합니다. 이 점을 꼭 기억하셔서 원하는 목적지를 향해 힘차게 달려가시길 바랍니다.

경아로운
인생플랜 40대

Q. 40대 초반 직장인입니다. 어느 정도 인생의 기반을 다졌다고 생각하지만, 주변 상황을 보면 지금 안정된 상태가 오래갈 것 같지 않다는 걱정이 듭니다. 가만히 손 놓고 있으면 안 되겠다는 생각은 들지만, 시간적·경제적 여유가 없어 주저하게 되는 것도 사실입니다. 어떻게 하면 의지를 다지고 미래를 준비할 수 있을까요?

경아로운 생각

대한민국의 40대는 현실의 중압감과 불확실한 미래 사이에서 갈등하는 불안한 시기입니다. 자녀교육, 내 집 마련 등 눈앞에 놓인 고민으로 은퇴 준비, 자기계발과 같이 미래를 대비하기 위한 분야는 소홀할 수밖에 없습니다.

고용불안에도 시달리게 되는 시기입니다. 가까운 선배들이 회사를 떠나는 상황이 전과 다르게 느껴져 앞날을 걱정하게 됩니다. 불행하게도 40대가 되면 회사 내에서의 평판도 굳어져 이변이 없는 한 회사 내 판도를 뒤바꾸기도 쉽지 않습니다. 회사를 쓸쓸히 떠나는 내 마지막 모습이 그려진다면 고민이 더 커질 수밖에 없습니다.

이렇듯 생각이 많아지는 상황에서도 막연하게 어떻게든 될 거라는 생각만 할 뿐, 막상 미래를 준비하려고 하면 차일피일 미루게 되는 경우가 많습니다. 여러 가지 이유를 들어 현실에 안주하려 하거나 실현 가능성이 없는 기대를 하기도 합니다. 반면에 아이러니하게도 직장인의 40대는 회사에서 가장 여유로운 시기입니다. 조직과 업무에 익숙해져서 일 처리가 쉽고 빨라집니다. 꽤 높은 직급에도 올라 마음만 먹으면 얼마든지 회사에서 편하게 생활할 수 있습니다.

저는 상반되는 이 두 상황의 효율적인 접점을 찾으셔야 한다고 생각합니다. 미래가 고민이 된다면 안주하고 있는 현실에서 빠져나와 앞날을 위해 투자하셔야 합니다. 그럴 여력이 없다고 말씀하시는 분들이 분명히 계실 겁니다. 지난 한 주 동안 여러분이 보낸 시간 중 SNS와 미래 준비, 무엇을 위해 사용한 시간이 더 많으셨는지요. 하루라도 빨리 확고한 결심을 세우셔야 합니다. 미래를 위한 준비에 회색지대란 없습니다.

실제로 한 설문조사에 의하면 회사를 떠난 직장인이 사업을 위해 쏟는 준비 기간은 6개월이 32%, 1년이 52%라고 합니다. 준비 기간이 생각보다 짧다는 생각이 들 겁니다.

과연 퇴직 후 준비를 미리 할 수 없을 만큼 바쁘게 살고 계신 것인지 묻고 싶습니다. 저는 여러분께서 좀 더 솔직해지셔야 한다고 생각합니다. 정말 시간이 없는 것인지, 아니면 준비를 회피하고 싶은 것인지 생각해보셨으면 좋겠습니다.

그래도 여전히 퇴직 후 준비를 미루려 하신다면 다시 여쭙고 싶습니다. 혹시 50대 중반 이후의 삶을 준비해 두셨나요? 그렇지 않다면 어떠한 핑계도 통하지 않습니다. 다시 젊은 시절의 그 치열함을 되찾으셔야 합니다.

저의 직장인으로서의 40대는 말 그대로 최고 전성기였습니다. 누락 없이 부장 진급을 했고 모두가 원하는 대형 지점의 지점장으로 근무했습니다. 탁월한 실적으로 시즌별 실적 평가회의 때마다 우수 지점상을 수상했고 윗분들의 칭찬과 기대 또한 한 몸에 받았습니다.

일이 즐거웠고 하는 일마다 성과도 나서 자신감에 가득차 있었습니다. 자신감은 새로운 도전을 하게 했고, 이는 다시 크고 작은 성과로 이어져 자타가 공인하는 업무의 달인이 되었습니다. 직급이 오르면서 회사 생활을 하는 데도 별 어려움이 없었습니다. 주변에 좋은 상사와 후배들이 많아 즐겁게 일할 수 있었습니다.

회사에 다니는 동안에도 언젠가는 회사를 떠나게 된다는 생각은 했습니다. 하지만 별로 걱정이 되지 않았습니다. 회사 안 치열한 경쟁에서 인정받았다면 회사 밖에서도 당연히 인정받을 수 있으리라 생각했습니다. 과도한 자신감은 저로 하여금 미래에 대한 고민에 둔감하게 만들었습니다. 내가 알고 있는 지식을 바탕으로 회사 밖 상황만 조금 더하면 천하무적의 실력자가 될 것으로 생각했고, 상황이 여의찮으면 다른 분야의 자격증을 따서 전혀 새로운 일을 하는 것도 어렵지 않아 보였습니다.

당연히 퇴직 후 삶에 대한 시뮬레이션도 하지 않았습니다. 필요성을 못 느꼈으니까요. 결국 과한 자신감은 독이 되었고 회사 밖 삶에 대한 무지는 현실의 안락함을 선택하게 하여 퇴직 후 방황으로 이어졌습니다. 노후, 은퇴라는 말이 현실감 없이 느껴진 이유도 있었습니다. 지나고 보니 40대와 퇴직, 노후, 은퇴는 연장선상 안에 있었습니다.

40대는 전력을 다해 미래를 위한 준비를 해야 하는 시기입니다. 특히 퇴직 후부터 이어지는 노후를 대비하셔야 합니다. 이를 위해 우선 다음 3가지를 점검해보기를 권합니다.

첫 번째로 라이프 시뮬레이션을 해보시길 바랍니다. 40대에 가장 중요한 것이 자신에 대한 정확한 진단입니다. 돈·재산, 기술·능력, 건강·멘탈, 가족·친구 측면에서 현재 얼마나 준비가 되어 있으며 회사를 떠났을 때 어떤 상태에서 시작해야 하는지, 최소 갖추어야 할 수준은 어느 정도인지 점검해보시길 바랍니다. 자세하게 예측할수록 도움이 됩니다.

대부분 현재 상태와 미래의 필요 사이에 격차가 발생할 텐데요, 남은 40대 기간 동안 이 격차를 좁히기 위해 전력투구해야 합니다. 특히 퇴직 후 가장 큰 고민은 자금일 겁니다. 소득이 끊긴 후 국민연금을 받기까지의 소득 크레바스* 기간을 집중적으로 살펴보시길 바랍니다. 직장인 신분을 벗어나면 대출, 건강보험, 국민연금처럼 그동안의 조건이 바뀌는 경우가 많습니다. 대부분 기존의 혜택이 사라지고, 여기에 줄어드는 소득과 시기적으로 늘어날 수밖에 없는 지출까지 더하여 삼중고를 겪게 됩니다. 공백없이 새로 일을 하지 않는다면 고통은 필연적입니다. 실제로 시뮬레이션을 해보면 근심이 더 커질 겁니다.

두 번째로 커리어 로드맵을 작성하시길 바랍니다. 특별한 기술이 없는 한 40대에 직장을 떠나게 되면 다시 직장으로 돌아가기가 쉽지 않습니다. 다시 시작하더라도 곧 직장생활을 마감해야 하는 시점이 오게 됩니다.

실제 퇴직 후 재취업자들이 평균 2년을 넘기지 못하고

• 소득 크레바스 직장에서 은퇴하고 국민연금을 받을 때까지 안정된 소득이 없는 시간. '소득 절벽', '은퇴 크레바스' 등으로도 부른다.

퇴사한다는 통계가 있습니다. 따라서 앞으로는 직장에 대한 개념을 버리고 평생 직업을 찾아야 합니다. 어차피 직장에서만 통하는 이력은 회사 밖에서 별 경쟁력이 되지 못하므로 다른 직업을 고민해보아야 합니다. 앞으로 어떤 직업을 가질지 커리어 로드맵을 그려 보세요. 회사를 떠나서도 수십 년 인생을 살아야 하므로 직업이 한 가지만으로는 부족할 수 있습니다. 내 재능과 적성, 환경 등을 고려한 직업설계를 하시길 바랍니다.

세 번째로 소득 파이프라인의 기반을 구축하시길 바랍니다. 일하지 않고도 일정 소득을 가져다주는 소득 파이프라인의 기반을 미리 다져두어야 한결 여유로워집니다. 근로소득에서 벗어나 배당소득, 연금소득, 임대소득 등 다양한 방법을 고민해보시길 바랍니다. 앞에서 말한 예처럼 비용이 많이 들어가지 않는 방법도 있습니다. 고유 콘텐츠 판매, SNS 마케팅 등 부담 없이 시작할 수 있는 일도 있으니 이를 위한 배움을 게을리하지 않길 바랍니다.

이외에도 회사를 떠난 후 심리적 공백을 채워줄 취미와 협력자도 미리 만들어 두시면 좋습니다. 취미가 스트레스 해소만이 아니라 생산적인 결과까지 볼 수 있다면 더욱 바람직합니다. 협력자 또한 그저 여유 있는 시간을 함께 보내는 관계가 아닌 고민을 나누고 성장을 서로 견인해줄 관계라면 더 바랄 게 없겠습니다.

결론적으로 40대는 시급함과 나태함 때문에 중요한 일을 미루지 않도록 조심해야 합니다. 스스로 생각해도 준비가 되어 있지 않다면 다시 20대의 탐색과 30대의 실행으로 돌아가셔야 합니다. 40대는 어떤 일을 시작하더라도, 늦었지만 늦지 않은 시기입니다.

경아로운
인생플랜 50대

Q. 직장에서 보내는 시간이 얼마 남지 않은 50대 직장인입니다. 열심히 살았다고 생각했는데 뒤돌아보니 아쉬움이 남습니다. 회사를 떠나면 당장 할 수 있는 일도 없고 지금까지 해왔던 일 말고는 잘할 자신도 없는데 앞으로 어떻게 살아야 할지 모르겠습니다. 좋은 방법을 알려주시길 부탁드립니다.

경아로운 생각

50대는 인생의 커다란 변혁기라고 할 수 있습니다. 사회적으로는 퇴직과 신체적으로는 호르몬 변화와 맞물려 있어 전에 없던 상황을 맞게 됩니다. 알고 있었다고는 해도 실제 경험해보면 그 위세가 정말 대단합니다. 이전까지 열심히 살았던 과거가 부정당하는 느낌, 그리고 준비되어 있지 않은 미래에 대한 부담까지 더해지면 그 고통은 상상을 초월하게 됩니다. 함께 했던 동료와도 멀어져 외로움에 빠지기도 합니다. 한꺼번에 몰아치는 인생 최대의 어려움을 혼자서 감당하기가 쉽지 않게 느껴집니다.

이렇게 어려움을 겪어내고 있는 50대에게 사람들은 말합니다. '그만 내려놓고 편하게 살라'고. '눈을 낮추라'고. 동시에 이렇게도 이야기합니다. 50대는 제2의 인생 또는 인생 이모작의 새로운 출발점이라고. 그런데 어딘가 이상하지 않나요? 말이 서로 모순된다는 생각이 들지는 않나요? 출발이라는 단어와 내려놓으라는 말은 어울리지 않습니다.

50대는 분명 기존과 다른 삶을 살아야 합니다. 특히 직장인이라면 내 시간의 대부분을 차지했던 회사가 삶에서 빠지게 되니 그 공간을 다른 무엇으로 채우기 위한 시작부터가 고난일 수 있습니다. 높은 현실의 벽, 처음 만나는 자신의 한계 앞에서 실망할 수도 있습니다.

그래서 50대는 멈추지 않으셨으면 좋겠습니다. 무대는 달라질 수 있어도 지난날의 성실하고 열정적으로 살아왔던 태도만큼은 변하지 않으셨으면 좋겠습니다. 앞으로 50대는 수십 년 이상을 더 살아가야 합니다. 벌써 내려놓고 편하게 살려고 한다면 이후 맞이할 삶에 대한 책임을 지셔야 할 겁니다. 내려놓으라는 말은 스스로 다독이라는 뜻으로, 눈을 낮추라는 말은 시야를 다른 분야로 돌리라는 의미로 해석하셨으면 좋겠습니다.

그러기 위해 배움을 멈추지 않으시길 바랍니다. 50대의 성장을 위해 끊임없이 호기심을 가지고 새로운 지식을 익히시길 바랍니다. 새로운 분야도 거침없이 시도하시고 경험도 넓히셨으면 합니다. 저는 빠르게 변화하는 세상을 사는 사람으로서의 마땅한 자세라고 생각합니다. 결국, 이러한 삶의 방식은 50대를 의욕과 생기 넘치게 만들고 지금까지와 다른 가치 있는 미래로 이끌어 주리라 확신합니다.

경아로운 경험

저의 50대 초반은 퇴직과 함께 시작되었습니다. 일에 대한 열정이 식지도 않은 가운데 맞이한 갑작스러운 퇴직은 커다란 충격이었습니다. 가장 큰 고통은 상실감이었습니다. 더는 회사가 나를 필요로 하지 않는다고 생각하니 견딜 수가 없었습니다.

건강의 적신호와 부모님을 돌봐드려야 하는 상황도 버거웠습니다. 퇴직으로 인한 마음을 추스르지도 못했는데 자고 일어나면 맞닥뜨리는 돌발 변수들이 끊임없이 저를 괴롭혔습니다. 퇴직 전 계획했던 일들을 시도하지 못한 채 아까운 시간만 낭비하는 것이 참을 수 없었습니다. 심신은 계속 지쳐갔고, 아무것도 하지 않으면 영원히 도태될 것 같아 상황이 허락하는 범위 안에서 가능한 일을 찾았습니다.

 다행히 시간 조절이 가능한 프리랜서 강의를 할 수 있었습니다. 병원에서 부모님 병간호를 하다 잠시 짬을 내어 복지단체 강의와 개인 커리어 코칭을 하고 나면 육체적으로는 피곤하지만, 마음만은 행복했습니다. 그때 느꼈습니다. 자아실현과 성장이 저에게 에너지를 준다는 사실을요.

시간이 흘러 제 일에 집중할 수 있는 상황이 되자 다시 계획했던 일을 쉼 없이 했습니다. 수많은 시행착오가 있었지만, 마침내 제게 맞는 길을 찾았습니다. 멈췄다면 발견하지 못했을 겁니다.

퇴직 후 제가 가까운 사람에게 가장 많이 들었던 이야기가 '그만 좀 하라'는 말이었습니다. 마음이 힘겨울 때 그 말을 들으면 정말 포기할까 하는 생각도 들었습니다. 하지만 이제 확실히 알았습니다. 한 번뿐인 내 인생, 그만할 수는 없습니다. 스스로에게 자랑스러운 사람이 되기 위해서라도 저 역시 멈추지 않을 생각입니다.

50대에 찾아오는 필연적인 변화 앞에서 지금까지보다 더 행복하고 신나게 살아가려면 어떤 부분에 역점을 두어야 할까요?

우선 자기관리를 하셔야 합니다. 비단 젊게 보이는 데 힘을 쏟으라는 의미는 아닙니다. 신체적인 건강은 물론 사회 안에서 더불어 살아가기 위해 상대방에게 호감을 주는 마음가짐과 태도를 가지셔야 합니다.

저는 50대부터의 자기관리의 결정체는 표정이라고 생각합니다. 표정에는 그 사람의 컨디션이 모두 담겨져 있습니다. 심신이 아프거나, 불만이 있거나, 희망이 없는 사람의 표정은 좋을 수가 없습니다. 실제로 직장생활 하면서 표정이 마음에 들지 않아 다가가기 꺼려졌던 동료를 만났던 경험이 있으실 겁니다. 내가 그 사람처럼 상대방에게 거부감을 주는 사람이 되지 말라는 법은 없습니다.

지금 거울을 한 번 보시길 바랍니다. 환한 낯빛과 밝은 미소, 말끔한 용모가 눈에 들어오시나요? 수시로 타인의 시선으로 자신을 들여다보길 바랍니다. 억지로 만들 필요도 없고, 억지로는 만들 수도 없습니다. 세상의 변화를 수용하고, 끊임없이 도전하고, 재능을 나누는 등 다양한 에너지로 50대를 채우면 자연스레 겉으로 좋은 기운이 드러나고 유익한 사람과 다양한 기회를 만나게 되실 겁니다.

또한 사용하는 언어에 긍정과 절제를 담으시면 좋겠습니다. 나이가 들수록 형식을 갖춰야 하는 공식적인 자리에 참석할 기회가 줄어들어 매너를 잊게 되어 정작 중요한 자리에서 실수하거나 이미지에 타격을 입기도 합니다. 기품 있고 매너 있는 언어 습관을 잊지 마시길 바랍니다.

다음으로 프로 n잡러가 되셨으면 합니다. 저는 n잡러야말로 50대에게 가장 적합한 직업이라고 생각합니다. 기성세대 중에는 n잡러라는 직업을 평가절하하는 분들도 계실 텐데요, 시대가 바뀌었습니다. n잡러가 가진 장점이 많습니다. 가장 큰 장점은 내가 해보고 싶은 일을 다양하게 할 수 있다는 점입니다. 수십 년 직장생활만 하는 동안 하고 싶지만 하지 못했던 일들을 다 해보실 수 있습니다. 원하는 대로 조합만 하면 됩니다. n잡은 일을 가지치기한다고 생각하시고 접근하시면 좋을 듯합니다. 가장 자신 있는 일을 시작한 후 그를 다른 방식으로 확장시키거나 새로운 내용을 더하여 개념을 확대하시면 됩니다.

예를 들어 특정 분야의 코칭에 자신이 있다면 오프라인 교육센터나 온라인 플랫폼을 통해 강의를 하고, 동시에 SNS에서 관련 콘텐츠를 판매하고 전문 자격증을 딴 뒤 단체에 소속되어 활동하시면 됩니다. 이왕이면 프로 n잡러가 되면 더 좋겠습니다. 여러 가지 일을 하지만 하나하나가 한 개의 직업으로 키워도 손상이 없는 전문가 수준으로 레벨업 하는 것, 그것을 목표로 삼고 시작해보시길 바랍니다. 꾸준한 시도와 성장, 그리고 자신감은 결국 하나로 통해 있습니다. 이미 퇴직을 하신 분도 아직 현직에 계신 분도 마찬가지입니다.

마지막으로 나만의 커뮤니티를 운영하시면 좋겠습니다. 직장인들은 조직이 정해준 사람들과 함께 생활해야 하지만 50대부터는 그럴 필요가 없습니다. 오히려 선택적으로 사람을 만날 수 있는 것도 이점이라고 생각합니다. 본인이 주체가 되어 같은 관심사를 가진 분들과 교류를 해보면 좋겠습니다.

처음부터 많은 숫자가 아니어도 괜찮습니다. 요즘은 쉽게 커뮤니티를 운영할 수 있는 툴이 많으니 활용하시길 바랍니다. 성장에 초점을 맞춰야 커뮤니티가 안정적이고 지속적으로 유지될 수 있습니다. 소속감이 가져다주는 안정감과 사람들과의 교류를 통한 즐거움도 함께 누리며 활기차게 지내시길 바랍니다.

결론적으로 50대가 두 번째 출발점이라고 생각하신다면 끊임없이 배우고 시도하길 바랍니다. 50대의 가슴은 여전히 뛰고 있어야 합니다. 자신에 대한 확신을 갖고 절대 멈추지 마시길 바랍니다. 지금 어려움을 겪고 계시다면 더욱 그러셨으면 좋겠습니다. 50대의 당신을 응원합니다.

안녕하세요. 글쓴이 정경아입니다.

오늘 하루는 어떠셨나요?

먼저 감사드립니다. 제 글을 읽어주셔서요. 솔직함 빼고는 내세울 것 없다고 생각하지만 솔직함이야말로 제 글을 읽어주시는 분들에 대한 애정과 관심의 표현이라고 생각하기에, 마지막까지 진심을 담아 인사를 드리려 합니다.

이 책의 출발은 글쓰기 포털에 제 퇴직 이야기를 올린 것에서 비롯됩니다. 당시 제 글을 읽고 몇몇 지인이 연락을 해왔습니다. 무슨 그런 얘기까지 하냐, 명색이 대기업 임원이었는데 이미지

생각은 안 하냐고요. 아마 쉽게 말하지 않는 임원들의 속내가 들
춰지는 게 불편한 것 같았습니다. 그 말을 듣는데 그렇다면 더
열심히 글을 써야겠다고 생각했습니다. 누군가 막연히 상상하던
유토피아의 실상을 알게 되고, 그로 인해 깨달음을 얻고 더 나아
가 성장의 기회가 된다면, 오히려 영광이라는 생각이 들었습니
다. 동시대를 사는 사람으로서 힘과 위로를 드리는 것이 당연한
사명이라는 생각도 했습니다.

돌이켜보면 저의 지난날은 상처투성이었습니다. 속속들이 들
춰보면 아파하며 눈물 흘렸던 날이 참 많았습니다. 그런데 신기
하게도 억지로 떠올리려 애쓰지 않으면 힘겨웠던 그 순간들이
잘 생각이 나지 않습니다. 분명 당시에는 제게 너무 큰 짐처럼
느껴져 모두 내려놓고 싶을 만큼 힘겨웠는데 지금은 생각도 안
날뿐더러 나더라도 내 삶의 훈장 같아 뿌듯한 생각이 듭니다. 그
정도 고비는 있어 줘야 뭔가 더 멋진 것 같은 느낌이랄까요. 아
무튼, 잘 견디고 살아준 제가 정말 고맙게 느껴집니다.
어쩌면 여러분도 지금이 그런 순간들일지도 모르겠습니다.
회사 문제, 가정 문제 혹은 다른 여러 가지 문제들 때문에 고민
하고 낙담하고 있지는 않으신지요. 하지만 여러분, 괜찮습니다.
어차피 여러분은 결국 방법을 찾을 테고 그 고비를 통해 한 단

계 더 성장하실 겁니다. 지금까지 그래왔듯이요. 설령 지금 당장 결과가 나타나지 않는다 해도 실망하지 않으셨으면 좋겠습니다. 삶은 알람이 아니거든요. 내가 세팅한 시각에 시간 맞춰 움직여 주는 단순한 기계 장치가 아닙니다. 그랬다면 정말 재미없지 않았을까요? 내 인생을 스포 당하면, 내 땀과 내 인내도 빛이 바래질 겁니다. 혹시 여전히 힘겨워 마음마저 흔들린다면 아이스 아메리카노에 시럽 듬뿍 넣고 단숨에 들이키며 기운 차리시길 바랍니다. 곧 괜찮아질 겁니다.

저는 이 글을 읽으시는 분들이 정말 존경스럽습니다. 적어도 이 책을 읽으시는 분들이라면 삶에 대해 고민하고 개선하고자 하는 열망이 높은 분들이실 테니까요. 바쁜 짬 쪼개어 책을 읽으시기 쉽지 않으실 텐데, 정말 대단한 분들이라고 생각합니다. 저는 회사 다니며 그 흔한 자기계발서도 거의 읽지 못했습니다. 책을 통해 자기계발을 하는 방법에 익숙하지도 않았고 그냥 몸으로 부딪히고 깨져야 터득되는 줄로 알았으니까요. 그런 차원에서 여러분들은 저보다 백만 배 이상은 더 크게 이루실 겁니다. 그러니 부디 자신을 토닥이며 멈추지 않길 바랍니다.

여러분들이 부디 크게 이루고 더 많이 행복하셨으면 좋겠습

니다. 이미 충분히 그럴 자격이 있습니다. 제가 이곳에서 영원무
궁토록 열심히 응원하겠습니다.

어느 대기업 임원의
퇴직 일기

1판 1쇄 인쇄 2023년 6월 19일
1판 1쇄 발행 2023년 6월 23일

지은이 정경아

발행인 양원석
책임편집 박현숙
디자인 정세화, 김미선
영업마케팅 양정길, 윤송, 김지현, 정다은, 박윤하, 김예인

펴낸 곳 ㈜알에이치코리아
주소 서울시 금천구 가산디지털2로 53, 20층 (가산동, 한라시그마밸리)
편집문의 02-6443-8842   **도서문의** 02-6443-8800
홈페이지 http://rhk.co.kr
등록 2004년 1월 15일 제2-3726호

ISBN 978-89-255-7631-2 (03190)